INTRODUCCIÓN
AL DERECHO CONSTITUCIONAL COMPARADO

INTRODUCTION
TO COMPARATIVE CONSTITUTIONAL LAW

Edición bilingüe: español e inglés
Bilingual Edition: Spanish and English

OLIVER ROALES BUJÁN

INTRODUCCIÓN AL DERECHO CONSTITUCIONAL COMPARADO

Texto y ejercicios prácticos

VERSIÓN EN ESPAÑOL

MANUALES

ATHENAICA

ATHENAICA

Primera edición: marzo, 2024

© Oliver Roales Buján, 2024
© Milhojas, S.C.A., 2024
c/ González Cuadrado, 46, 1A 41003 Sevilla (España)
www.athenaica.com
athenaica@athenaica.com
Imprime: Estugraf

DEPÓSITO LEGAL: SE 574-2024
ISBN: 978-84-19874-49-8

ÍNDICE

INDEX

INTRODUCCIÓN

Si nos planteásemos ahora el estudio de una rama cualquiera del derecho sustantivo, tendríamos bastante claro cuál debería ser nuestro objeto: nos dispondríamos a estudiar la legislación que respecto a esa materia se encuentra en vigor en nuestro país, lo haríamos además teniendo en cuenta los principios jurídicos subyacentes y profundizaríamos críticamente en cómo esa legislación se aplica mediante la resolución de casos prácticos. Si se tratase de derecho procesal, el tratamiento sería bastante parecido: estudiaríamos la legislación en vigor para determinados procesos e intentaríamos comprender su funcionamiento desde los principios que sustentan esas reglas, hasta su aplicación concreta mediante resolución de casos prácticos.

Sin embargo en el derecho comparado surge una primera cuestión: el derecho comparado no consiste en el estudio de sistemas jurídicos diferentes al nuestro, porque si aplicásemos este planteamiento tan estrecho, ciertamente no estaríamos comparando nada. Quiere esto decir que si vamos a estudiar esos sistemas jurídicos, lo haremos como un paso previo para poder compararlos. La esencia de esta asignatura no es, pues, asimilar determinada legislación que provenga de sistemas jurídicos posiblemente exóticos y que nos resulten interesantes, sino compararlos. El objeto de esta asignatura es la comparación. *¿Pero, por qué comparamos? ¿Qué ganamos comparando instituciones,*

sistemas legales y tradiciones jurídicas? ¿Cómo esa compa-
ración sirve a nuestro propósito como juristas radicados en
un sistema jurídico concreto?

En este breve manual vamos a intentar resolver estas cuestiones con más preguntas. Nuestro enfoque
consistirá en exponer algunos de los entresijos y me-
canismos que subyacen en la naturaleza del derecho,
y más en concreto, en la del derecho democrático de
origen constitucional. Cuando comparamos sistemas,
lo que en realidad hacemos es juzgar el funcionamiento de maquinarias complejas que —si son democráticas— comparten siempre un mismo objetivo, aunque
con diferentes estructuras y piezas. En este sentido, si
nuestra comparación es crítica [es decir, si no se trata
simplemente de enumerar diferencias, sino de identificar sus causas y efectos dentro de cada sistema] tendremos que hacerlo teniendo en cuenta que si ambos
sistemas comparten un mismo objetivo democrático,
en lo que difieren será en sus estrategias, desarrolladas
a través de las instituciones, sistemas legales y tradiciones jurídicas que examinaremos como punto de
partida para la comparación.

El propósito de este manual no es resolver todas
las dudas de inmediato sino más bien al contrario: ex-
pandir vuestro campo intelectual para que empecéis
a planteároslas. Por este motivo abordaremos cuestiones que supuestamente ya conocéis, pero lo haremos
desde nuevos ángulos y perspectivas con el fin de no
asumir nada por supuesto.

1. ¿QUÉ ES EL DERECHO?

1.1. LA PRIMERA OPERACIÓN DE LA RAZÓN

Un argumento es racional cuando establece una conexión sólida y plausible entre el *qué* y el *cómo*. Ya sea para predecir o para explicar, necesitamos entender el *cómo* de cada cosa, la razón que impulsa su estado actual o la que lo llevará a cambiar. Y para eso, el pensamiento racional encuentra orden en el caos de lo real mediante la abstracción que supone el uso del adjetivo. Adjetivar es predicar un *cómo* de un *qué*, describiendo las formas o modos en que se manifiesta el sustantivo. No es lo único que podemos decir, pero en ese momento dejamos de lado toda la realidad del objeto concreto para centrarnos sólo en aquello que nos resulta relevante para explicarlo en un determinado contexto. Cuando decimos que Fido y Bobby son perros reducimos sus marcadas diferencias a una sola similitud relevante. Otra definición los adjetivará como mascotas, otra como mamíferos y otra como animales, pero en cada una de ellas procedemos, según las circunstancias, a simplificar selectivamente la realidad para explicarla.

A pesar de que en el lenguaje cotidiano la palabra «discriminar» se ha vinculado principalmente con su connotación legal y solemos asociarla con algo prohibido, su sentido primario denota algo más simple:

discriminar quiere decir agrupar lo que es igual para separarlo de lo diferente. En última instancia, múltiples operaciones convergen en este mismo principio. Ya sea creando conjuntos, identificando casos que representan un concepto abstracto o subsumiendo hechos en una regla legal específica, lo que estamos haciendo es entender la realidad *discriminando*, es decir, separando [para el caso concreto] lo igual de lo diferente.

No obstante, las cosas no son *per se* iguales o diferentes entre sí. No existe nada absolutamente diferente ni completamente igual, porque la diferencia sólo se predica respecto a ciertos rasgos adjetivos. Para saber si Fido y Bobby son iguales o diferentes debemos primero identificar *con respecto a qué atributos* nos interesa caracterizarlos, pues sólo entonces podremos decir si son o no equivalentes [para el caso], de forma que si se da dicha equivalencia diremos que son iguales, y si no se da, que son diferentes. Por tanto, si nos referimos a las características que los definen a ambos como perros, entonces serán equivalentes [y diremos que son iguales] a pesar de que, como mencionamos antes, entre ambos perros existan notables diferencias.

Sólo abstraemos aquellos rasgos adjetivos que constituyen las similitudes que [para el caso] nos permiten explicar o predecir. Por ejemplo, llegado el momento, necesitaremos saber quiénes han aprobado esta asignatura de derecho constitucional comparado, y para ello tendré que crear dos grupos: el de los que han aprobado y el de los que no. Ahora bien, si pretendo actuar racionalmente, el criterio adjetivo que me permita esa discriminación o separación en dos grupos debe guardar conexión con el cumplimiento de los objetivos de esta asignatura. A esto nos referimos cuando señalamos que la categorización debe resultar relevante. Será relevante porque, por una parte, *nos informará* [en este caso de los requisitos necesarios para cumplir con la pertenencia al conjunto de aprobados] y porque, por otra, *nos permitirá predecir*, es decir, ajustar nuestra conducta al cumplimiento de esos objetivos. Si el criterio de discriminación no guardara relación con nuestros propósitos, sería irracional y, por tanto, ilegítimo [en eso consiste la discriminación prohibida]. Y así, si lo que nos planteamos con esta asignatura es adquirir determinados conocimientos o destrezas, no sería relevante establecer un criterio que tuviera que ver con las horas que habéis estudiado en casa, o con las veces que habéis asistido a clase. Tampoco sería relevante que vosotros o vuestros padres fuesen amigos míos. Si el objetivo de este curso no es que os acostumbréis a hacer tareas, ni sirve para que me hagáis compañía en el aula, ni tampoco se orienta a retribuir a mis amistades, entonces no debo emplear ninguno de esos tres criterios, pues me estaría alejando del único objetivo establecido como válido [y por tanto legítimo] para este curso.

En el mismo sentido, si queremos saber si Pedro y María pueden participar en nuestra clase no precisamos saber si uno es un hombre y la otra mujer, ni tampoco el color de su piel. Estas diferencias pueden existir, pero son irrelevantes para el caso. Para determinar si pertenecen a la clase o no, requerimos otra definición; ahora sólo nos interesa saber si son o no *estudiantes matriculados*. Ese es el único criterio de discriminación válido, porque es el único relevante. Si Pedro y María, a pesar de sus infinitas diferencias, comparten la característica crucial para este contexto [estar matriculados], entonces podemos afirmar que pertenecen a nuestra clase. Sólo entonces la discriminación será eficaz respecto a los propósitos que se plantea la razón. Sólo así será explicativa y, por tanto, racional. Otros adjetivos no vienen al caso porque a los efectos que ahora interesa son impertinentes. Y, por tanto, si decimos que ambos son españoles o de religión católica o protestante, no estaremos explicando absolutamente nada aquí, salvo quizá demostrando nuestra propia irracionalidad. Esa discriminación, la que no es racional porque no explica nada, es la que debemos considerar prohibida [tanto por la ciencia como por el derecho].

PREGUNTAS PARA EL DEBATE EN CLASE

A. Genera conjuntos basados en dos criterios diferentes. Dentro de cada conjunto, haz subconjuntos y profundiza en la jerarquía de cada uno en —al menos— tres niveles.

Por ejemplo: el conjunto de los animales, el subconjunto de mamíferos y respecto a este el subconjunto de los perros.

Prepárate para seguir haciendo subconjuntos respecto a los que hayan propuesto tus compañeros en clase.

B. Identifica situaciones o contextos donde cada una de las definiciones de los subconjuntos que has creado en la pregunta anterior sea necesaria para comprender mejor la realidad y actuar consecuentemente.

C. Explica el significado del término «discriminar» en su sentido primario, tal como se describe en el texto. ¿Por qué se plantea que la discriminación es una operación esencial para comprender la realidad? ¿Prohíbe la constitución española el uso de esta operación en algún caso?

D. Discute por qué algunas características personales, como el género o el color de piel, pueden carecer de relevancia en ciertos contextos. ¿Es incorrecto descartar este criterio de discriminación al tomar decisiones o juicios sobre las personas en todos los casos? Dicho de otro modo: ¿diferenciar a las personas por su género o por su color de piel es siempre ilegítimo? Pon ejemplos, si los hay, de algún caso donde sea legítimo.

E. Cómo se llama al que, sin relevancia explicativa, diferencia:
— Por razón de género.
— Por razón de su origen nacional.
— Por razón del color de su piel.
— Por razón de su capacidad económica.
— Por razón de su nivel educativo.

Señala un contexto en el que cada uno de esos modos de diferenciar sea legítimamente pertinente y otro en el que no lo sea.

F. Piensa en otro título para el texto que acabamos de leer.

1.2. LA COMPLEJIDAD EN LAS CIENCIAS SOCIALES

Tanto la naturaleza como la sociedad son sistemas dinámicos sometidos a constantes cambios y aunque la estrategia empleada por la razón para explicar estos cambios exhibe similitudes en ambas esferas, también presenta sustanciales diferencias. Así, cuando damos cuenta del cambio originado mediante procesos físico-naturales nos valemos de la noción de causa-efecto, por la que establecemos la siguiente relación: un evento anterior (causa) ha provocado [o, de darse, es susceptible de provocar *inevitablemente*] un resultado (efecto). Sin embargo, al abordar los procesos sociales debemos añadir al expediente explicativo de la causa un elemento adicional: la intencionalidad.

Cuando tratamos de la acción (es decir, cuando no sólo hablamos de causas sino de causas con un origen humano) no podemos limitarnos simplemente a establecer el *cómo,* de lo que se trata es de comprender los motivos subyacentes, es decir, el *porqué.* Los seres humanos son agentes activos que toman decisiones racionales en función de sus objetivos, valores y creencias, de ahí que para explicar las relaciones y los cambios sociales resulte preciso integrar la intencionalidad en la estructura explicativa causal. Esto complejiza la noción de causa y nos lleva de la relación causa-efecto a la relación medio-fin.

Aquí radica la complejidad inherente a las ciencias sociales. Mientras que los objetos se ajustan a las leyes que hemos formulado para explicar los procesos naturales; en el ámbito de los fenómenos sociales, los sujetos no obedecen a correspondencias tan estrictas y el grado de certidumbre en nuestras predicciones es mucho menor.

Esto es debido a que la explicación en las ciencias sociales debe tener siempre en cuenta que: [1] el ser humano [como *sujeto*] explica, y al mismo tiempo, se constituye en *objeto* de estudio y esto es muy relevante, ya que su producción científica y cultural forma parte del paisaje, es decir, las ciencias sociales no son sólo la herramienta que sirve a nuestro análisis sino que se encuentran intrínsecamente entreveradas con su objeto; [2] esto implica que cualquier observación y la posterior formulación de leyes sociales es, *por sí misma*, susceptible de modificar las conductas estudiadas, no sólo cuando estas leyes acierten en su análisis [al provocar una reorientación estratégica de aquellos actores a los que la predicción perjudica], sino también cuando no sean capaces de predecir la realidad correctamente al no estar bien formuladas pues, en realidad, para que las expectativas o predicciones influyan en nuestro comportamiento no tienen por qué ser verdaderas, basta con que las aceptemos como tales provocando así modificaciones estratégicas en un sentido u otro (esto es lo que Robert K. Merton denominó *profecías que se autocumplen*); [3] pero además, si bien los sujetos actúan movidos por intereses con el objetivo de alcanzar determinados fines, lo cierto es que casi nunca se actúa teniendo en mente una sola finalidad ya que lo normal será la *multifinalidad*, es decir, procedemos con varios objetivos al mismo tiempo, ya sea para una ejecución simultánea, consecutiva, o alternativa, dado que todas las finalidades pueden no tener para nosotros la misma importancia o no ser igualmente deseables, pudiendo incluso resultar incompatibles unas con otras; [4] todo esto implica que para el cálculo de la multifinalidad nuestras estrategias racionales no sólo deben tener en cuenta las predicciones que elucidan las ciencias sociales sino también las estrategias que, al mismo tiempo, los otros despliegan mientras actuamos, lo que provoca que nuestras expectativas modulen nuestra preferencia, pues ya no se trata de qué queremos sino de qué podemos permitirnos razonablemente querer, dadas unas concretas circunstancias [lo que trasladado al ámbito de las ciencias naturales sería como afirmar la *retrocausalidad*, es decir, que un efecto puede modificar su causa].

PREGUNTAS PARA EL DEBATE EN CLASE

A. Imagina un escenario donde una predicción social termine influyendo en el comportamiento de un grupo. ¿Cómo puede una profecía autocumplida impactar en la sociedad?

B. Las profecías autocumplidas parten de análisis de la realidad incorrectos que terminan volviéndose correctos debido a comportamientos o reajustes estratégicos de los sujetos que asumen esos análisis como ciertos. En este sentido, las profecías autocumplidas nos hablan del *ser*, aunque terminen modificándolo. Las normas jurídicas, por el contrario, se refieren al *deber ser*. No nos dicen cómo son las cosas sino cómo tienen que ser, aunque a veces sus prescripciones consigan el efecto contrario al deseado, y en ese caso podríamos llamarlas *normas contraproducentes*. Es muy importante tener en cuenta que los efectos contrarios no resultan de su falta de efectividad ni del grado de incumplimiento de la norma, sino (paradójicamente) de su efectividad.

Para evaluar si una norma puede cumplir con lo que se propone, es necesario tenerla en cuenta como parte de un todo, pues una misma norma puede funcionar dentro de un sistema en un sentido acorde a la finalidad pretendida, y en otro sistema dar lugar a efectos contrarios.

Por ejemplo: el endurecimiento de las penas puede provocar el efecto contrario, de manera que normas más estrictas dan lugar, en determinados casos, a un incremento de la delincuencia. Una célebre muestra de esta paradoja se encuentra en la llamada ley de los tres strikes, un claro caso de norma contraproducente. La expresión que da nombre a la norma deriva del beisbol, pues cuando en este deporte el bateador recibe en su turno tres lanzamientos sin golpear la bola —es decir, tres strikes—, queda eliminado. Así, la ley de los tres strikes establecía penas muy

*severas para delincuentes convictos que acumulaban tres
delitos graves. Sin embargo, en lugar de disuadir a los delincuentes, muchos estudios demostraron que, ante la posibilidad de una larga condena de prisión por un tercer
delito, los delincuentes eran más propensos a utilizar más
violencia en la comisión de ese tercer delito a fin de evitar
ser capturados.*

Piensa ahora tú en otro ejemplo (real o inventado)
de norma contraproducente (para cualquier nivel que
se te ocurra: familia, comunidad de vecinos, comunidad autónoma o tu país). Debes exponer en clase este
ejemplo y explicar por qué a partir del estricto cumplimiento de determinada norma resultaría un efecto
contrario al inicialmente previsto.

1.3. LA ACCIÓN RACIONAL Y SU CONTEXTO

Una acción es racional cuando se ajusta a la finalidad
que pretendemos. Esto requiere, ante todo, que nuestros actos se sustenten en *argumentos que nos permitan
predecir y explicar* a fin de orientarnos a la consecución de nuestros objetivos. Como acabamos de ver,
este análisis de la razón que nos sitúa en el contexto
preciso no sólo debe tener en cuenta las leyes naturales que rigen los objetos, sino que requiere de un
cálculo mucho más complejo que se traduce mediante
la expresión de cadenas que conectan fines y medios.
Podemos afirmar, por tanto, que la acción racional
precisa ineludiblemente de una finalidad, de manera

que alguien actúa irracionalmente si: [1] carece por completo de preferencias u objetivos; [2] o bien si no se dirige con la intención de lograrlos [entendiendo como acciones no solamente a las interacciones físicas con efectos tangibles, sino también a los actos de habla, pues con nuestro discurso no solo transmitimos información, sino que realizamos funciones o tareas específicas en un contexto dado].

Ahora bien, calificar algo como racional es siempre una cuestión de grado: no podemos decir que algo sea racional o irracional, sin más, sino que algo es más o menos racional teniendo en cuenta un patrón ideal de conducta. Es decir, respecto a la acción más adecuada a cada caso, teniendo en cuenta: [1] la información que cada participante posee en esa situación concreta, y [2] toda la información necesaria para tomar la mejor decisión posible, independientemente de que los participantes la conozcan o no.

A raíz de la complejidad que estamos apuntando, nuestras acciones a menudo se desvían de ese ideal de acción racional. Y esto es esencialmente debido a dos razones:

1. Dificultades para definir racionalmente nuestro interés [el qué de la acción racional]. Aunque en la práctica casi nadie carece por completo de preferencias u objetivos, estos pueden no mostrarse claramente, al ser cambiantes o contradictorios. Esto dificulta que pueda darse en los grupos sociales una acción racional estratégica verdaderamente productiva: si no sabemos lo que los otros quieren, es difícil actuar en consecuencia. Esta es la razón por la que asignamos «objetivamente» un interés a los demás. Este interés, que calificamos de objetivo [y que en realidad es una construcción intersubjetiva] es imprescindible para que las normas jurídicas puedan orientarse teleológicamente. Este punto es clave al objeto de diferenciar el ámbito político del jurídico en el proceso de producción normativa. Si toda norma jurídica es un mandato que guía racionalmente nuestra acción; y si [como hemos visto] la racionalidad siempre se articula a través del qué y el cómo, entonces llamaremos *criterios políticos* a los que [mediante la definición de qué sea el interés general] establecen el qué de cada norma, entendida ésta como una expresión técnica para la obtención de esos intereses a los que políticamente la norma se dirige. El elemento esencialmente distintivo de los sistemas democráticos no radica entonces en que las normas jurídicas se orienten al interés general, sino en que este interés haya sido definido colectivamente [en lugar de haber sido establecido por una oligarquía, que siempre se autodenominará benévola].

2. Dificultades para definir nuestra estrategia orientada a ese interés [el cómo de la acción racional]. Por otra parte, una cosa es orientar nuestras acciones a la consecución de nuestros fines y otra será hacerlo correctamente. Es decir, la acción libre no solo requiere poder identificar qué objetivos se alinean mejor con nuestro interés, sino saber y poder dirigirse a la consecución de esos objetivos. El principal obstáculo a nuestra libertad no radica en saber qué queremos sino en no saber qué implica ese qué para un contexto concreto, es decir, no saber todo lo que necesitamos querer para alcanzar nuestro objetivo. Es fácil divisar un objetivo cuando es lo suficientemente abstracto y genérico, pero lo difícil será establecer los hitos y pasos necesarios para llegar a él. Hemos visto cómo la inefectividad de las normas contraproducentes constituye una limitación que desarma nuestra libertad en el mismo sentido que pueden hacerlo las prohibiciones absolutas.

Lo que denominamos sustancial y procedimental son dos aspectos de lo mismo y, como tales, se encuentran intrínsecamente imbricados. Así como cada sustantivo se integra de todos los adjetivos que lo definen, los procesos que se dirigen a un determinado objetivo se componen de hitos que son, a su vez, objetivos en sí mismos [donde cada qué es el cómo, respecto a un siguiente hito]. Pensemos, por ejemplo, en para qué os encontráis leyendo esto. Al tratarse de un libro de texto, lo más probable es que lo estéis haciendo para aprobar la asignatura. La lectura y el estudio son el medio donde aprobar es el fin. Sin embargo, no tratamos de aprobar la asignatura porque sí, sino como medio para aprobar la carrera, que a su vez *no sólo será un fin sino un medio para otras cosas.* Como podemos observar, para cada qué [fin] existe un cómo [medio] que se articula como una sucesión de otros qués, que a su vez se despliegan en cómos. De ahí que **[1]** si entendemos lo político como la determinación del qué posible, mientras que lo jurídico es la del cómo, y que **[2]** el cómo se compone de esa intrincada sucesión de qués y cómos, entonces debemos concluir que la libertad colectiva no sólo precisa de una articulación política, sino que ésta debe ser, al mismo tiempo, jurídica.

Para entender mejor esta idea, desarrollémosla mediante un ejemplo. En el marco del conflicto surgido por el proceso independentista catalán, Pere Aragonès, quien posteriormente fue investido *President de la Generalitat* de Cataluña, realizó las siguientes declaraciones a los medios de comunicación: *«La voluntad popular no puede estar limitada por las leyes. Nuestro límite es la voluntad popular»*. Esta frase aparentemente tiene sentido: sugiere que la voluntad actual del pueblo no puede estar sometida a decisiones previas. Sin embargo, lo cierto es que no sólo la voluntad popular está sometida a la ley, sino que sin leyes que nos permitan interpretarla [traduciéndola en mensajes coherentes] la voluntad popular es absolutamente inefable y, como mucho, puede equiparase con una opinión propia que nos permite tener razón en la barra de un bar, nada más. Para descubrir cuál es la voluntad popular, seguramente Aragonès no se asoma al balcón de su despacho institucional afinando mucho el oído para escuchar al pueblo. Es evidente que sabe que, para conocerla, tendrá que utilizar algún tipo de mecanismo [un algoritmo para su expresión coherente, podríamos decir] que sea previamente aceptado por aquellos que van a emitir esa voluntad. Y ese mecanismo o algoritmo de traducción se compone necesariamente de reglas, es decir, es una norma jurídica, ni más ni menos. Por eso, lo que denominamos «pueblo» o a lo que entendemos como «voluntad popular» son en realidad construcciones jurídicas, ya que sin reglas previas esos conceptos serían ininteligibles. Y esto es aplicable incluso para casos límites en el derecho constitucional: ningún sujeto político [ni siquiera el constituyente] se define a sí mismo completamente como tal, sin sustentarse en reglas previamente existentes.

Consecuentemente, la expresión del poder político nunca se ejerce desde una voluntad absoluta que [omnipotente] tiene claro qué es lo que quiere, sino desde la expresión de una finalidad adaptada a los medios [actualmente] a nuestro alcance. Por eso la norma jurídica, para ser eficaz, debe adaptarse situacionalmente al contexto [que se compone tanto por el sistema de otras normas, como por la realidad que pretende modificar].

Todo esto implica que las normas no tengan nunca efecto por sí mismas sino en interacción, es decir, actuando como parte de un sistema. Y por eso, no tiene sentido comparar normas entre sí; pues cualquier comparación, para ser productiva, debe tener siempre en cuenta a los sistemas jurídicos que incorporan esa norma o ese tipo de norma.

Para resolver los casos prácticos propuestos debes llevar inicialmente a cabo un análisis DAFO [para cada una de las finalidades desarrollamos cuatro columnas: debilidades, amenazas, fortalezas y oportunidades]. En todos los casos, el análisis DAFO permitirá a los responsables de la toma de decisiones identificar los factores clave que influyen en la implementación y el éxito de sus estrategias, a fin de diseñar acciones que racionales en su contexto específico.

CASO PRÁCTICO 1: PLANIFICACIÓN URBANÍSTICA

Supongamos que eres el alcalde de una pequeña ciudad y tu objetivo es mejorar la calidad de vida de sus habitantes. Para ello, debes decidir si construir un nuevo parque, un centro comercial o una biblioteca.

Identifica cuál sería la acción más racional según los intereses colectivos de los ciudadanos.

Explica cómo podrías utilizar argumentos racionales para predecir y explicar las consecuencias de tu elección.

Diseña una estrategia que te permita alcanzar el objetivo de mejorar la calidad de vida, teniendo en cuenta las limitaciones prácticas y normativas.

CASO PRÁCTICO 2: POLÍTICA DE VACUNACIÓN

Imagina que eres el responsable de salud pública en un país durante un brote de una nueva enfermedad.

Tienes que decidir si implementas una política de vacunación obligatoria o voluntaria.

Discute qué opción sería más racional para maximizar la salud pública sin comprometer las libertades individuales.

Evalúa las dificultades para definir racionalmente el «qué» (interés de la salud pública y libertades individuales) y el «cómo» (estrategia de vacunación) en esta situación.

Considera las implicaciones políticas y jurídicas de tu decisión y cómo estas afectarían la implementación de la política elegida.

CASO PRÁCTICO 3: LEGISLACIÓN AMBIENTAL

Eres parte de un comité legislativo que trabaja en una nueva ley para reducir la contaminación industrial. Debes equilibrar los intereses económicos con la protección del medio ambiente. Determina cuáles serían los objetivos racionales que debe perseguir la nueva legislación.

Propón cómo las normas jurídicas pueden orientarse teleológicamente para lograr estos objetivos. Analiza cómo la interacción de las nuevas normas con las ya existentes puede afectar la efectividad de la legislación y qué consideraciones sistémicas deberían tenerse en cuenta.

1.4. ESTRATEGIAS INDIRECTAS

La racionalidad implica saber qué queremos y responde al cómo conseguirlo. Sin embargo, en los seres humanos este cálculo no es tan sencillo ya que actuamos, en palabras de Jon Elster, como una máquina maximizadora global que es capaz de esperar y emplear estrategias indirectas:

> la inversión tal vez sea el ejemplo más sencillo de maximización global que exige superar un máximo local: un paso hacia atrás, para poder dar dos pasos adelante[1].

Hay animales que son capaces de llevar a cabo estrategias indirectas, como por ejemplo, cuando el depredador cambia su trote con un comportamiento de espera, reduciendo su velocidad respecto a la máxima que podría alcanzar en ese momento. De esta manera, no perderá el paso si la presa intenta esquivarlo mediante un zigzagueo. En el ser humano, el ahorro es un ejemplo de estrategia indirecta: no satisfacemos momentáneamente nuestro interés porque tenemos la expectativa de una satisfacción mayor. Y quizá también, por ese mismo motivo, estáis ahora leyendo este libro en vez de estar haciendo otra cosa.

---

1. Elster, J. (2015). *Ulises y las sirenas. Estudios sobre racionalidad e irracionalidad.* México DF: Fondo de Cultura Económica,17.

1.5. VALORES Y PRINCIPIOS

Hasta aquí hemos expuesto que la razón despliega el *cómo* que cada objetivo precisa, y que la expresión de ese proceso se encuentra plagado de qués y de cómos sucesivos. Ahora bien, ese recorrido se sustenta a partir de una serie de objetivos generales a los que tienden cada una de las cadenas mediales interconectadas entre sí en una especie de mapa. Aunque no siempre nos lo planteemos así, en realidad, podemos situar cualquiera de nuestras acciones dentro de una concreta cadena medial [hacemos algo para algo, que luego, si lo conseguimos, será para algo, y así sucesivamente]. Decíamos también que las posibles cadenas mediales a las que se dirigen nuestras conductas pueden a su vez conectarse con otras posibles o previsibles, ya sea alternativa o subsidiariamente [es decir, a veces actuamos teniendo un plan alternativo, o a veces lo hacemos para reforzar otra actuación principal, más directamente dirigida al objetivo].

Ahora bien, esos objetivos generales que orientan todas las cadenas no son en realidad un lugar concreto al que nos dirijamos, sino que constituyen más bien la expresión genérica de un modo de ser y de llegar al objetivo. Así, mientras los valores se orientan a la definición genérica del resultado [no cualquier objetivo es deseable], los principios establecen de manera abstracta los modos legítimos para llegar a él [no es deseable obtener un objetivo legítimo de cualquier modo]. No nos permitimos querer cualquier objetivo ni tampoco obtenerlo de cualquier manera, sino sólo de la manera más ejemplar [posible]. A esto se refieren los juicios morales: se trata de cuestionar el deseo que subyace a nuestra intencionalidad. Y así, mientras los valores expresan un modo legítimo del qué [en tanto a qué querer], los principios se refieren a un modo legítimo del cómo [en tanto a cómo obtenerlo]. Muchos autores consideran que la diferencia entre valor y principio es confusa, y a raíz de esta crítica llegan a la conclusión de que ambos conceptos [junto con otros como la dignidad humana, por ejemplo] en realidad no significan nada. Sin embargo, esta aparente confusión es debida a que los conceptos de valor y principio comparten la misma naturaleza situacional del qué y el cómo, esto es, de lo sustancial y lo procedimental. Es decir, los valores y principios se sitúan siempre con respecto a algo, de manera que, en el análisis de un problema concreto, si problematizamos la finalidad que nos orienta en última instancia hablaremos de valores, mientras que si cuestionamos los medios que podemos utilizar legítimamente, nos situaremos en el ámbito de los principios.

De ahí que ninguna acción sea buena o mala *per se*, sino siempre en relación con un sistema de valores: es decir, nuestros juicios morales comportan cálculos racionales que conectan fines y medios en un entramado de finalidades que consideramos legítimas, y respecto a las que estas acciones nos dirigen o nos alejan. Idealmente, al operar con cadenas mediales es necesario llevar a cabo dos tipos de cálculos: [1] haber tenido en cuenta todas las posibilidades de acción alternativas a nuestro alcance, o al menos las que se plantean a priori como más eficaces respecto a la finalidad pretendida, y haber optado por la más eficaz; [2] haber concebido la finalidad pretendida en un contexto en el que la misma se encuentre en relación con otras finalidades, ya sea en su carácter instrumental respecto a aquellas (es decir, en relación directa), o ya en su carácter concomitante respecto a un entramado coherente de finalidades (es decir, en relación indirecta).

Al primero de estos cálculos, es decir, el que solamente se ocupa de poner en conexión fines y medios de la manera más directa y eficaz posible, lo denominamos *de racionalidad estricta*. El segundo cálculo, mucho más complejo por tener en cuenta ese objetivo actual en un contexto de otros fines relacionados y susceptibles de interacción entre sí, lo llamamos *de razonabilidad*. Para establecer qué es lo razonable no sólo estamos considerando ese primer objetivo concreto, sino que lo hacemos insertándolo en un sistema compuesto por una constelación de objetivos, concebidos como si estuviesen teleológicamente interrelacionados, es decir, como si todos ellos se orientaran a la consecución de una serie de fines generales que reflejarían, en lo sustancial, el sentido de ese sistema en tanto red de finalidades interconectadas.

Esta es la razón por la que —tras un cálculo que tenga en cuenta esa red de multifinalidades— pueda ser razonable, para un contexto concreto, no perseverar en la consecución del fin que nos proponíamos, demorarlo respecto a otros fines, o matizar o minorar nuestro objetivo inicial, adaptándolo a lo que entendemos posible. Para llevar un cálculo de razonabilidad es necesario: **[1]** fijar ponderadamente la importancia del fin concreto que pretendemos respecto al resto de objetivos, y teniendo esto en cuenta **[2]** establecer una vía de acción que no sea incompatible con las finalidades generales [valores y principios] que reflejan lo sustancial de nuestro sistema, no perjudicando ni poniendo en peligro las expectativas de consecución de las finalidades concretas que consideramos más deseables.

Mientras que la racionalidad estricta no tiene en cuenta la legitimidad de los objetivos que se plantean, ni el modo de llevarlos a cabo, la razonabilidad sí los tiene en cuenta. A este asunto me he referido en otro libro:

> el problema de la autoevidencia de las reglas racionales es que pretende que la razón tendría sentido por sí misma, de manera descontextualizada. Sin embargo, precisamente porque la razón, incluso cuando se fija objetivos aparentemente propios, siempre opera como un medio que se orienta para algo, es imposible averiguar el sentido último de tales reglas, ni por lo tanto, valorarlo. La delimitación del horizonte de la racionalidad por la razonabilidad implica no concebir separadamente fines y medios, sino como elementos interconectados dentro de una cadena de sentido. Para entender mejor la diferencia entre lo racional y lo razonable, podemos ilustrarlo mediante el siguiente ejemplo. Cuando yo era pequeño tenía cierta obsesión por el orden, que desgraciadamente perdí con el paso del tiempo. Eso me llevaba a ordenar los objetos de mi casa de maneras

que yo consideraba absolutamente racionales. Una vez ordené todos los libros de la enorme estantería de mis padres siguiendo una clasificación cromática ascendente: del blanco, pasando por el amarillo, el naranja, el rojo, y así sucesivamente hasta llegar al negro. Mi madre trató de explicarme que ese orden no tenía sentido, que quizá en una caja de rotuladores podía ser lo apropiado, pero que tratándose de libros —cuya finalidad no es ornamental, sino que tiene que ver con sus contenidos reflejado en los títulos, no en los colores de sus lomos— daba una impresión muy negativa. Era una ordinariez, dijo mi madre, pues la regla de razón que yo había utilizado no se ajustaba a la finalidad legítima de los objetos que me había propuesto ordenar. De esta manera, no siempre un orden completamente coherente y racional tiene porqué ajustarse al caso. Se trataría de una aplicación descontextualizada de la razón: mi orden era racional, pero no razonable. Tal y como señala Aranguren al glosar el pensamiento aristotélico, fin y medio tienen carácter situacional, de manera que la misma cosa podrá considerarse medio o fin, según los casos, por lo que —salvo para el fin supremo de la felicidad—, no puede hablarse para Aristóteles de fin de manera absoluta, dado que todo fin siempre es, a su vez, medio para otro fin[2].

2. Roales Buján, O. (2020). *Constituciones inconstitucionales, soberanos limitados. El entramado de los derechos fundamentales como fundamento de la noción de soberanía*. Sevilla: Athenaica, 137-138.

Los principios son mucho más que meras abstracciones, representan reglas que orientan sustancialmente nuestra acción. No obstante, en nuestras sociedades democráticas es común que se utilicen las fórmulas que recogen los principios constitucionales como latiguillos que se repiten acríticamente para justificar cualquier agenda. Y por este motivo, el análisis constitucional es muy necesario: para no desconectar los principios que fundamentan el sistema con la realidad.

Para entender esta idea, y subrayar la vocación de los principios hacia lo concreto, una vocación que nos obliga a interpretarlos y ajustarlos críticamente en cada contexto, podemos acudir al pensamiento de Richard M. Hare a través de un magnífico texto de Victoria Camps:

> los principios prima facie son necesarios, pero son muy abstractos y nunca hacen referencia a situaciones individuales. Cuando la persona se encuentra en una de esas situaciones y se pregunta qué debe hacer, debe confrontar los hechos con los principios poniendo en marcha lo que Hare llama «pensamiento crítico» [...] Esa flexibilidad de los principios al pasar por el pensamiento crítico es la que procura un comportamiento que elude un gran peligro, el del dogmatismo y el fanatismo, pues, efectivamente, al fanático lo que le falta es el pensamiento crítico con respecto a los principios. [...] Sólo el pensamiento crítico puede resolver algo que se da cada vez más en la ética aplicada, que es el conflicto entre principios.

[...] Así, el fanático es el que pone siempre por delante sus convicciones y se atiene a un pensamiento visceral que no admite actitudes críticas[3].

1.6. IGUALDAD Y LIBERTAD: EL PASO DEL INTERÉS PARTICULAR AL GENERAL

A pesar de las dificultades expuestas, el pensamiento moderno postula que la racionalidad es un horizonte al que siempre tiende la conducta humana, donde lo irracional es sólo un aspecto de una racionalidad incompleta, un dato inmanejable que sólo añade incertidumbre. Quiere esto decir que, a pesar de que los seres humanos no siempre obremos racionalmente, o al menos no siempre lo hagamos conforme a una racionalidad óptima; resultará, sin embargo, más racional asumir que sí lo hacemos, porque sólo así podremos diseñar estrategias de colaboración y beneficio mutuo que [siguiendo la *reorientación estratégica* a la que nos referimos cuando vimos las profecías autocumplidas] pueden influir en lo que inicialmente es irracional, volviéndolo más racional. Esta es la única manera de optimizar las decisiones estratégicas colectivas y así poder proceder con una visión teleológica en la fundamentación de la ley, algo —como hemos visto— crucial en la construcción de dicha colaboración estratégica.

---

3. Camps, V. (2013). *Breve historia de la ética*. Barcelona: RBA, 328-329.

En este contexto, la modernidad se asienta en la premisa de que **[a]** si admitimos que la colaboración en interés mutuo es la base de las sociedades humanas [a pesar de que no todos los individuos se beneficien en la misma medida, puesto que la cooperación debe en todo caso reportar un beneficio neto a todos los integrantes], entonces **[b]** se deduce que es del interés colectivo que la sociedad no solo persista sino que se desarrolle, profundizando en la consecución de los objetivos compartidos, **[c]** de tal modo que la actuación racional de los individuos será consistente con la búsqueda de ese bien común, *siempre que* **[d]** todos dispongan de los recursos materiales adecuados y la información necesaria para tomar decisiones y obrar de acuerdo con ese interés común, un interés que a su vez debe encontrarse alineado con sus respectivos intereses particulares.

Es crucial reconocer que, según este enfoque, no basta con que la cooperación sea provechosa para todos, sino que además debe ser considerada por la mayoría como la alternativa más favorable dadas las circunstancias [pues sólo así nuestro interés personal se alineará con la continuidad de la sociedad misma].

Consecuentemente, el diseño de las sociedades que surgen tras las revoluciones liberales se sustenta conceptualmente en dos pilares fundamentales: **[1]** la suficiente **igualdad** entre todos los participantes de manera que si la unión es en beneficio de uno, sea en beneficio de todos; y **[2]** la suficiente **libertad**, lo que implica un desarrollo real y efectivo de la capacidad de agencia de todos, porque sólo así será posible afirmar que la unión no es sólo en interés de todos sino que se despliega como decisión de todos. La legitimidad del poder debe desplegarse, al mismo tiempo, en su aspecto sustantivo [el poder se ejerce para el interés de todos, es decir, siguiendo el interés general] y procedimental [ese interés general ha sido fijado por todos los integrantes de la unión política]. Las democracias liberales se distinguen de otros modos benevolentes de ejercer el poder porque el poder se ejerce mediante ese despliegue procedimental-sustantivo: es esencial que las decisiones democráticas puedan representarse como una *agregación de los intereses particulares*[4].

---

4. En matemáticas existen diversos métodos que sirven para promediar una serie de números con el fin de obtener un único valor representativo. Eso lo que buscamos con la media, la mediana o la moda, y de la misma manera es lo que pretendemos con todos los procedimientos estadísticos. En ciencias sociales también usamos la agregación como método para representar opiniones, comportamientos o atributos de individuos al objeto de presentar una medida colectiva que sea «representativa». Por ejemplo, si quisiéramos determinar cuál es el color favorito de la clase, podríamos realizar una votación y concluir que el azul es el favorito, simplemente por ser el favorito de la minoría mayoritaria [es decir, entre los varios colores votados, es el que obtiene más votos, aunque no sea elegido por la mayoría]. Si la elección de nuestro color favorito fuese un elemento crucial para el funcionamiento de la clase, quizá no aceptaríamos este método y necesitaríamos aplicar otro. Por ejemplo, podríamos realizar una votación en varias rondas para lograr finalmente una mayoría cualificada, o una votación en la que se puntúen varios colores simultáneamente según el orden de preferencia.

PREGUNTAS PARA EL DEBATE EN CLASE

A. Diseña una norma jurídica que promueva un comportamiento social deseado mediante la implementación de estrategias indirectas. *Por ejemplo, el ahorro para la jubilación se fomenta mediante incentivos fiscales.*

Prepárate para discutir en clase las implicaciones de estas estrategias en términos de racionalidad y efectividad legal.

B. *¿Se pueden alcanzar los mismos objetivos legislativos a través de diferentes enfoques normativos?*

Selecciona una norma específica de nuestro ordenamiento jurídico que persiga un propósito determinado. Luego, identifica una normativa que busque el mismo propósito pero esté articulada de manera distinta en la legislación de uno de estos cuatro países: Estados Unidos, Reino Unido, Francia o Alemania.

C. Acabamos de ver que las normas jurídicas establecen un marco para el beneficio mutuo y la cooperación, es decir, el establecimiento de un orden social orientado a la consecución de ciertos objetivos compartidos. Decíamos, además, que en democracia, el horizonte de esos objetivos compartidos se delimita, en una primera instancia, en los valores y principios constitucionales.

Analicemos ahora cómo funcionan las normas obligatorias en órdenes jurídicos tradicionales, con lógicas previas a las de las revoluciones liberales. Este es el caso, fundamentalmente, de las normas obligatorias de origen religioso.

Un ejemplo de este tipo de norma obligatoria es el tabú de la carne de cerdo en las religiones judía e islámica.

El sociólogo Marvin Harris analiza ejemplos de normas que imponen hábitos alimenticios aparentemente irracionales y, entre otras prohibiciones, se refiere a la prescrita por Yahvé para los judíos y por Alá para los musulmanes respecto a la carne de cerdo.

> Moisés Maimónides, médico de la corte de Saladino en El Cairo, durante el siglo XIII nos ha proporcionado la primera explicación naturalista del rechazo judío y musulmán de la carne de cerdo. Maimónides decía que Dios había querido prohibir la carne de cerdo como medida de salud pública [...] A mediados del siglo XIX, el descubrimiento de que la triquinosis era provocada por comer carne de cerdo poco cocida se interpretó como una verificación rigurosa de la sabiduría de Maimónides. Judíos de mentalidad reformista se alegraron ante el sustrato racional de los códigos bíblicos y renunciaron inmediatamente al tabú sobre la carne de cerdo. La carne de cerdo, cocida adecuadamente, no constituye una amenaza a la salud pública y, por consiguiente, su consumo no puede ofender a Dios. Esto indujo a los rabinos de convicción más fundamentalista a emprender un ataque contra toda la tradición naturalista. Si Yahvé simplemente hubiera deseado proteger la salud de su pueblo, le habría ordenado comer sólo carne

de cerdo bien cocida en vez de prohibir totalmente la carne de cerdo. Evidentemente, se aducía, Yahvé pensaba en otra cosa, en algo más importante que el simple bienestar físico. [...] El cerdo es un vector de enfermedades humanas, pero también lo son otros animales domésticos que musulmanes y judíos consumen sin restricción alguna. [...] La solución del enigma del cerdo nos obliga a adoptar una definición mucho más amplia de la salud pública, que comprenda los procesos esenciales mediante los cuales animales, plantas y gentes logran coexistir en comunidades naturales y culturales viables. Creo que la Biblia y el Corán condenaron al cerdo porque la cría de cerdos constituía una amenaza a la integridad de los ecosistemas naturales y culturales del Oriente Medio. [...] la prohibición divina de la carne de cerdo constituyó una estrategia ecológica acertada. Los israelitas nómadas no podían criar cerdos en sus hábitats áridos, mientras que los cerdos constituían más una amenaza que una ventaja para las poblaciones agrícolas aldeanas y semisedentarias. La razón básica de esto estriba en que las zonas mundiales de nomadismo pastoral corresponden a llanuras y colinas deforestadas, que son demasiado áridas para permitir una agricultura dependiente de las lluvias y que no son fáciles de regar. Los animales domésticos mejor adaptados a estas zonas son los rumiantes: ganado vacuno, ovejas y cabras. Los rumiantes tienen bolsas antes del estómago que les permiten digerir hierbas, hojas y otros alimentos compuestos principalmente de celulosa con más eficiencia que otros mamíferos. [...] El cerdo debe humedecer su piel en el exterior para compensar la falta de pelo protector y su incapacidad para sudar. Prefiere revolcarse en lodo limpio y fresco, pero cubrirá su piel con su propia orina y heces si no dispone de otro medio. Por debajo de los 84° F, los cerdos que permanecen en pocilgas depositan sus excrementos lejos de sus zonas de dormir y comer, mientras que por encima de los 84° F comienzan a excretar indiscriminadamente en toda la pocilga. Cuanto más elevada es la temperatura, más «sucio» se vuelve el cerdo. Así, hay cierta verdad en la teoría que sostiene que la impureza religiosa del cerdo se funda en la suciedad física real. Sólo que el cerdo no es sucio por naturaleza en todas partes; más bien, el hábitat caluroso y árido del Oriente Medio obliga al cerdo a depender al máximo del efecto refrescante de sus propios excrementos[5].

Teniendo en cuenta cómo se argumenta en el texto anterior, analiza estos ejemplos de prohibiciones de origen religioso, explicando cuales pueden ser, a tu juicio, las razones que subyacen a la imposición de dicho tabú o prohibición en relación con una regulación racional del orden social [para ese contexto]:

1. El tabú del incesto.
2. La prohibición del aborto y la eutanasia.

---

5. Harris, M. (1998). *Vacas, cerdos, guerras y brujas. Los enigmas de la cultura.* España: Alianza Editorial. Traducción de Juan Oliver Sánchez Fernández. Capítulo II: «Porcofilia y porcofobia».

3. El reposo del Sabbat y el descanso dominical.

4. La prohibición de la usura.

5. La prohibición del consumo de alcohol.

6. La circuncisión en el judaísmo y el islam.

7. El ayuno durante el Ramadán o la prohibición de comer carne durante la cuaresma.

8. El Wudu o ablución antes del rezo islámico.

9. El matrimonio heterosexual y el tabú de la homosexualidad.

¿Podrías citar otros ejemplos?

2. ¿QUÉ ES EL DERECHO DEMOCRÁTICO?

2.1. LA EXPRESIÓN DEL PODER LEGÍTIMO DEMOCRÁTICO MEDIANTE PROCEDIMIENTOS: EL PRINCIPIO DE LA MAYORÍA

Nuestro actual modelo de democracia representativa bajo el imperio de la ley precisa de un diseño institucional que posibilite el juego de la representación política, y ese diseño se encuentra habitualmente contenido en una ley fundamental que solemos denominar Constitución. Ahora bien, ya se trate de un solo texto o de varios, e incluso cuando su regulación no se recoja en su integridad por escrito, para cualquier sistema de democracia representativa es esencial que ese bloque normativo fundamental cumpla, al menos, con dos requisitos a priori: [a] que mediante algún tipo de procedimiento esa norma básica se nos presente como una expresión de la voluntad del soberano; y [b] que ese soberano se represente a su vez mediante alguna construcción abstracta —ya sea soberanía popular, nacional o parlamentaria— que suponga, en última instancia, un vehículo para la expresión de la *voluntad agregada del pueblo*, entendido éste como receptor primario de todas las decisiones que emanen de la estructura institucional que la norma fundamental posibilita.

Esto quiere decir que la norma fundamental será el resultado de dos transformaciones que actúan prácticamente de manera simultánea, aunque lógicamente de forma sucesiva: [1] por un lado, el tránsito de la concreta colectividad humana que denominamos pueblo a su definición jurídica como soberano constituyente, un recorrido que se lleva a cabo mediante una serie de operaciones —un algoritmo jurídico, podríamos decir— que tendrán siempre en su núcleo el principio de la mayoría; y por otro, [2] la representación de la voluntad *autopoiética* de ese nuevo sujeto mediante la afirmación de un diseño institucional que haga posible su reproducción en el tiempo como soberano instituido, es decir, más allá de ese primer momento constituyente. El objetivo principal de estas dos transducciones pasa por definir el poder legítimo como la fuerza que nos constituye en ciudadanía soberana y, al mismo tiempo, deriva su legitimidad de esa misma ciudadanía que constituye [que no es sino la expresión legal de «el pueblo»]. Es obvio que esto podría interpretarse como una especie de petición de principio: el poder es legítimo porque se deriva del pueblo que ese mismo poder ha constituido. Sin embargo, esto es lo que significa, en este contexto, la expresión «autopoiesis»: la auto-creación del pueblo como piedra angular del sistema legal a través de su propia afirmación revolucionaria, ejemplificada por frases como «Nosotros, El Pueblo» con las que da comienzo la Constitución de los EEUU. Si lo pensamos detenidamente, no se trata de un proceso circular, sino en espiral [porque no vuelve al mismo sitio]: el pueblo forma y es sucesivamente conformado por el sistema legal que establece y lo establece[6].

Por otro lado, [1] si la democracia se sustenta en una norma fundamental que cumple con esos dos requisitos a priori; [2] si la humanidad se distingue del resto de los animales por el uso de su racionalidad, en tanto capacidad para transformar, en interés propio, el mundo que nos rodea mediante operaciones complejas que involucran una red de relaciones de causa-efecto que deben calcularse teniendo en cuenta su carácter concomitante; y [3] si la felicidad —como

---

6. Por ejemplo: la constitución del «pueblo español», como tal pueblo, no deriva de la afirmación contenida en los artículos 1 y 2 de nuestra Constitución, porque ésta fue aprobada mediante una ley electoral y un censo de electores en el que esa definición de «pueblo español» ya se encontraba implícitamente afirmada. En el transcurso del proceso de su aprobación, ya nos comportábamos conforme al concepto de «pueblo español» que posteriormente definimos legalmente a través de los artículos 1 y 2 de nuestra Constitución. Dicha actuación previa y simultánea efectivamente se legitimó mediante su ratificación legal, de manera que es posible deducir que si esa ratificación no se hubiese finalmente llevado a cabo [o no de esa manera específica], resultaría discutible afirmar que antes de la Constitución nos comportábamos efectivamente como ese pueblo. Somos ese pueblo porque nos autoafirmamos como tal pueblo mediante un procedimiento específico. Es decir, un procedimiento legal [recordemos lo dicho respecto a cómo lo sustancial carece de significado sin su aspecto formal, o en otras palabras: significante y significado, lo que queremos decir y cómo lo decimos, son dos aspectos de lo mismo, inexorablemente intrincados]. Es el fundamento legal lo que otorga valor intersubjetivo a lo que, de otro modo, sólo puede ser objeto de absurdos debates esencialistas [es decir, relativos a esencias que supuestamente operan más allá de la realidad de lo que sí tiene forma concreta].

expresión específicamente humana— es la interna constatación de estar actuando racionalmente; el constitucionalismo moderno concluye a partir de estas tres premisas que la democracia es —por propia definición— el único sistema político que posibilita la búsqueda colectiva de la felicidad. Esto es, la democracia prefigura el poder como la más genuina expresión de la autorrealización colectiva, haciendo depender su legitimidad de que el constructo «voluntad colectiva» sea eficazmente representado como agregado racional de las voluntades individuales.

El principio de la mayoría, como elemento esencial de la expresión abstracta que supone esta reducción que pretende agregar voluntades que casi nunca se expresan unánimemente, supone el procedimiento que históricamente ha permitido representar la correlación entre voluntad del individuo y voluntad del colectivo. En un trabajo previo[7] hemos demostrado que, como tal procedimiento reductivo para la toma de decisiones, el principio de la mayoría debe, en última instancia, sustentarse en dos cuestiones implícitas de carácter sustantivo: la igualdad y la libertad de agencia de todos los participantes en la votación. Es decir, en democracia todos los procedimientos de agregación mayoritaria reconocen la igualdad y libertad de los participantes o derivan su legitimidad de procedimientos previos en los que esta igualdad y libertad sí se reconoce. Y así, la incorporación de estos dos principios a la definición de la regla de

---

7. Roales Buján, O. (2020). Op. cit.

procedimiento que posibilita la representación agregada de las voluntades individuales implica que éstas nunca puedan legítimamente expresarse de manera agregada para negar estos principios pues, de hacerlo así, estarían negando su propia condición de posibilidad. Es decir, si la voluntad colectiva negara la igualdad y la libertad de agencia de los sujetos cuyas voluntades agrega, lo que estaría haciendo es refutar la conexión que hace posible afirmar la correlación que legitima el agregado de las voluntades individuales. Se trataría, por tanto, de una afirmación autocontradictoria. Para evitar esta contradicción los principios de igualdad y libertad deben quedar al margen de cualquier tipo de decisión democrática, ya que ambos posibilitan a priori estas decisiones.

Ahora bien, como veremos a continuación, de estos dos principios deriva instrumentalmente todo el entramado de derechos fundamentales entendido como sistema dotado de coherencia interna, por lo que debemos concluir que los derechos fundamentales —al menos en su expresión más básica o esencial— no se justifican en democracia mediante un procedimiento similar al que sustenta, tal y como hemos descrito en este apartado, el bloque normativo fundamental. Antes al contrario, los derechos fundamentales en su expresión más básica se incorporan implícitamente como parte nuclear de la afirmación de la voluntad autopoiética del soberano constituyente. O lo que es lo mismo, en su expresión esencial, como entramado instrumental correlativo a los mencionados principios de igualdad y libertad de agencia de todos los participantes en la decisión democrática, los derechos fundamentales no proceden de ninguna votación ni pueden someterse a ella porque son su condición de posibilidad.

2.2. LOS DERECHOS FUNDAMENTALES COMO CUESTIÓN PREVIA A TODO PROCESO DEMOCRÁTICO

Afirma Norberto Bobbio que la igualdad es un concepto situacional en el sentido que precisa de un contexto en el que reconocerse como tal, de forma que siempre requiere para su inteligibilidad un *con respecto a quién y a qué*. En este sentido, el profesor italiano señala que, para su aplicación, la igualdad presupone

> la presencia de una pluralidad de entes de los que se trata de establecer qué relación existe entre ellos: mientras podría decirse, en el límite, que pudiera existir una sociedad en la cual sólo uno es libre (el déspota), no tendría sentido afirmar que existe una sociedad en la cual sólo uno es igual. El único nexo social y políticamente relevante entre libertad e igualdad se confronta allí donde la libertad se considera como aquello en lo que [...] los miembros de un determinado grupo social, son o deben ser iguales[8].

8. Bobbio, N. (1993). *Igualdad y libertad.* Barcelona: Ediciones Paidós Ibérica. Traducción de Pedro Aragón Rincón, 55-56.

Sin embargo, contrariamente a la tesis de Bobbio, es necesario reconocer que la libertad es también un concepto situacional en sí. Y así, de la misma manera que no tiene sentido decir que sólo uno es igual, tampoco cabe decir que sólo uno es libre porque la libertad del déspota también es situacionalmente contingente, es siempre un hacer o no hacer algo respecto a otros [no se puede ser libre en soledad], y ni siquiera en el totalitarismo más sanguinario y extremo un déspota lo puede absolutamente todo con respecto a todos. El déspota de Bobbio ejerce su libertad como el ejercicio de un poder absoluto, pero incluso eso que llamamos poder absoluto exige un permanente juego de equilibrios y expectativas con respecto a otros, lo que siempre requiere concesiones, aunque sean mínimas. Por ese motivo, decir que una persona es libre sin añadir de qué es libre y con respecto a quién, es un sinsentido. Cualquier libertad se sostiene sobre el consentimiento de los demás y por eso ser libre de hacer algo no significa simplemente que seamos capaces de hacerlo: la libertad se refiere a límites en los que, de la misma manera que la igualdad, siempre se plantean respecto a un qué y a un quién. No existe, como afirma Bobbio, un modo de libertad que sea situacional (*ser libremente iguales o ser iguales en la libertad*), porque la libertad siempre se entiende situacionalmente. Siempre se trata de la expresión de un conjunto de relaciones, y por eso la libertad incondicionada es inconcebible. Su respecto a qué y a quién provoca además que se encuentre axiológicamente trabada desde su formulación, por eso la libertad no se refiere a un poder hacer, sino a una expresión del poder: a un *poder hacer legítimo*. En consecuencia, cuando nos reconocemos libres de hacer algo no estamos meramente constatando leyes físicas, haciendo abstracción de nuestra relación con los demás, sino que nos referimos a un poder hacer cuya condición de posibilidad deriva de un juicio de valor previo del que se han extraído consecuencias morales o jurídicas (*esto puede o no hacerse*). El déspota de Bobbio —del que se dice que es libre sin más— no sólo es un sinsentido porque lo pueda absolutamente todo, sino porque además parece estar absolutamente solo ya que no hace concesiones a nadie y, en consecuencia, no ejerce poder alguno. Como decimos, la libertad siempre involucra una colectividad y por eso no podemos ser libres si estamos solos. En soledad solo podemos hacer cosas de las que sería absurdo afirmar que son legítimas o que tenemos derecho a hacerlas pues el *deber ser* siempre se predica respecto a relaciones de alteridad.

La libertad no es en sí misma un derecho, pero al afirmarse en cualquier situación concreta siempre se implicará la existencia de un derecho efectivo que instrumentalmente la posibilite. Incluso en sus formulaciones más simples. Así, por ejemplo, cuando nos referimos a la libertad de hacer lo que no está prohibido y consideramos la libertad en su sentido más abstracto posible, ya nos encontramos afirmando el derecho a que no se nos moleste o interfiera en el curso de ese hacer no prohibido, sea lo que sea que pretendamos hacer. Y en el resto de sus expresiones, al referirnos a libertades más concretas, lo haremos implicando a su vez derechos más sustantivos, pues incluso los llamados derechos de libertad siempre comportan un hacer o no hacer necesario por parte de los demás, una obligación que se amplifica en democracia porque ese *los demás* se representa mediante alguna fórmula que involucra, en última instancia, una actuación del poder público. Esto se aprecia mejor a la vista de tres ejemplos: [1] no es lo mismo poder pasear porque no está prohibido, lo que implicaría, como decíamos, un derecho a exigir que otros no nos lo impidan, que el derecho a la libertad deambulatoria, cuyo carácter más sustantivo puede comportar la exigencia de que se garantice un mínimo de seguridad pública para poder ejercerlo libremente; [2] no es equiparable que un periodista pueda informar porque no está prohibido a que ostente el derecho a la libertad de información, que no sólo le permite poderlo llevar a cabo en una posición preferente respecto a la esfera de otros derechos cuando se hace verazmente en relación con determinados hechos que ostentan relevancia pública, sino que conllevaría además para toda la ciudadanía la posibilidad de exigir una actividad prestacional que garantice la existencia de medios de comunicación públicos que sirvan al imprescindible desarrollo del pluralismo político[9]; [3] tampoco es lo mismo poder

9. «La finalidad constitucional de la libertad de información es permitir la participación popular en la gestión de la cosa pública; el Estado queda obligado a intervenir para asegurar que esta finalidad no resulte meramente ilusoria o ficticia». Urías Martínez, J. (2014). *Principios de Derecho de la Información*. Madrid: Ed. Tecnos, 58.

suicidarse porque no está prohibido que tener derecho al suicidio asistido, lo que comporta una imprescindible actividad prestacional por parte de la administración pública, ya que no sólo se permite que la actividad tenga lugar, sino que además sea llevada a cabo con las garantías necesarias.

3. LA COMPARACIÓN
DE SISTEMAS JURÍDICOS

De nuestro análisis hasta aquí, se deduce que los sistemas jurídicos se estructuran como entidades sistémicas, es decir, como conjuntos organizados y coherentes de principios, normas, instituciones y procedimientos interrelacionados, orientados a alcanzar objetivos que el poder define como legítimos.

En un marco democrático, donde el poder se ejerce por y para el pueblo, los objetivos de estos ordenamientos deben corresponderse intrínsecamente con la noción abstracta de democracia. Esto implicará, de manera más concreta, una implementación en sus sistemas constitucionales de una serie de derechos e instituciones que sirva a esos objetivos tal y como se recogen en esa definición abstracta.

Por consiguiente, al comparar sistemas jurídicos democráticos, es crucial reconocer que las diferencias radican en cómo cada sistema materializa esos valores y principios democráticos, es decir, en la forma específica en que despliegan los medios necesarios en sus respectivos contextos para lograr los mismos fines. Con este enfoque, comprendemos que comparar instituciones o regulaciones de distintos sistemas jurídicos requiere primero entender su función dentro de un mecanismo sistémico más amplio. Como hemos aprendido, es conceptualmente inapropiado evaluar la legitimidad de un fin sin considerar su propósito más amplio, o dicho de otra manera, sin analizar la cadena de medios desde una perspectiva más extensa. Por este motivo, sería inadecuado determinar si una regulación específica en un ordenamiento dado cumple o no sus objetivos sistémicos sin considerarla parte de un armazón institucional y de derechos que refleje, en última instancia, aquellos objetivos democráticos. Quiere esto decir que en toda comparación tendremos que discernir [1] si una normativa o legislación particular, en su contexto específico, satisface o no estos objetivos democráticos y [2] si dicha estructura es capaz de reproducirse o adaptarse a un mecanismo sistémico diferente, es decir, si puede ser trasladada [traducida] a otro ordenamiento jurídico.

OLIVER ROALES BUJÁN

INTRODUCTION TO COMPARATIVE CONSTITUTIONAL LAW

Texts and practical exercises

ENGLISH VERSION

TEXTBOOK
ATHENAICA

INDEX

INTRODUCTION

If we were now to embark on the study of any given branch of substantive law, the clarity of our objective would be evident. Our endeavor would involve a thorough analysis of the pertinent legislation active in our nation, with a focus on grasping the foundational legal principles and engaging in a critical examination of how this legislation is actualized in the resolution of real-world cases. A similar approach would apply to procedural law, entailing an exploration of the extant legislation pertaining to specific procedures, and an effort to comprehend its functionality, from the supporting principles to its tangible application in practical cases.

Yet, in the realm of comparative law, a preliminary question emerges: the essence of comparative law transcends merely studying legal systems distinct from our own, for such a narrow focus would preclude any actual comparison. It entails, therefore, an initial study of these systems as a precursor to their comparative analysis. The essence of this discipline lies not in the mere assimilation of laws from diverse, possibly exotic legal systems but in their comparative examination. The crux of this subject is the act of comparison itself. But to what end do we compare? What insights are gained from contrasting institutions, legal frameworks, and juridical traditions? In what ways does such comparative analysis benefit us as jurists rooted in a specific legal system?

This brief manual aims to probe these questions further, often through posing additional inquiries. Our approach is to elucidate the subtleties and mechanisms inherent in the nature of law, with a particular focus on democratic law originating from constitutional principles. In comparing legal systems, we essentially evaluate the workings of complex machineries that, in democratic contexts, share a common objective, despite their varying structures and components. Thus, if our comparison is critical [moving beyond mere enumeration of differences to understanding their causes and impacts within each system] we must consider the variations in strategies employed by these systems with a shared democratic goal. These strategies, manifested through institutions, legal systems, and juridical traditions, form our comparative baseline.

The intent of this manual is not an immediate resolution of all queries but rather the opposite: to broaden your intellectual horizon, encouraging you to question what you may already know. Therefore, we will revisit familiar topics from fresh angles and perspectives, aiming to challenge assumptions and deepen understanding.

1. WHAT IS LAW?

1.1. THE PRIMARY FUNCTION OF REASON

An argument is deemed rational when it establishes a sturdy and plausible link between the 'what' and the 'how'. Whether utilized for prognostication or elucidation, understanding the 'how' of each thing becomes essential, as it is the rationale steering the current state or the envisaged alteration. Rational thought finds order amidst the chaos of reality by engaging in the abstraction inherent in adjectival deployment. Adjectivization predicates a 'how' onto a 'what', describing the forms or manners in which the noun unfolds. It's not the only aspect we can address, but at that moment we set aside the entire reality of the specific object directing our attention solely towards pertinent questions that aid its explanation within a particular context. When we assert that Fido and Bobby are dogs, we distill their manifold differences into a single relevant similarity. Alternate classifications might categorize them as pets, mammals, or animals, yet in each instance we proceed, according to circumstances, to selectively simplify reality to elucidate it.

Despite the prevailing legal connotation of the term "discriminate" in everyday language, often associated with prohibition, its primary sense embodies a simpler premise: *discrimination entails grouping what is similar to separate it from what is different.* Several operations ultimately converge on this same principle. Whether forming sets, identifying cases that represent an abstract concept, or encapsulating facts within a specific legal rule, they all imply grasping reality through discrimination, that is, separating the similar from the dissimilar in a given context.

However, things are not inherently equal or different from each other. There is nothing absolutely different or completely identical because difference is only predicated regarding certain adjectival traits. To determine if Fido and Bobby are different or the same, we must initially discern *with respect to what attributes* they are similar or dissimilar because only then we ascertain whether they are equivalent [in this instance] or not. Should such equivalence be established, we'd classify them as identical; conversely, if it isn't, we'd denote them as different. Consequently, when considering the traits that define both as dogs, they would be deemed equivalent [and we'd refer to them as the same], despite their notable differences, as previously mentioned, between the two dogs.

We selectively abstract only those adjectival characteristics that encapsulate the similarities enabling us to elucidate or forecast pertinent outcomes [in specific case]. For instance, should it become necessary to ascertain who has fulfilled the requirements of this comparative constitutional law course, I will be required to categorize students into two distinct groups: those who have passed and those who have not. In pursuit of rational action, the discriminative criterion facilitating this bifurcation must inherently align with the fulfillment of the course objectives. We invoke the principle of relevance to our categorization process to ensure that it must, on one hand, *inform us* [in this case about the essential criteria required for individuals to be considered among the successfully accomplished candidates], and on the other hand, enable us to prognosticate and thus adjust our conduct to align with these objectives. Should the discrimination criterion stray from our core objectives, such divergence would render the process irrational and, consequently, illegitimate [embodying the essence of proscribed discrimination]. Therefore, within the context of this course, which aims to teach specific knowledge and skills, it would be inconsequential to establish criteria based on the number of hours one has studied at home or the frequency of one's attendance. Similarly, the consideration of any personal affiliations with me would be inconsequential. If the aim of this course is not to inculcate the habit of task completion, provide me with companionship in the classroom, or reward my personal associations, then none of these criteria can be justifiably employed, as they would depart from the single objective established [therefore, legitimate] for this academic endeavor.

Similarly, if we want to know if Pedro and María can participate in class, we do not need to know if one is a man and the other a woman, nor their skin color. These differences might exist but are irrelevant to the case. To determine if they belong to the class or not, we require a different definition; now we are solely interested in knowing if they are *enrolled students*. That is the only relevant discrimination. If Pedro and María, despite their infinite differences, share the crucial characteristic for this context [being enrolled], then we can assert that they belong to our class. Only then will discrimination be effective for the purposes reason sets forth. Only thus will it be explanatory and, therefore, rational. Other adjectives lack pertinence as they prove extraneous to the essential aims at this juncture. Hence, if we state that both are Spanish or follow the Catholic or Protestant religion, we would not be explaining anything pertinent here, except perhaps showcasing our own irrationality. That discrimination, which is not rational because it explains nothing, is what we should considered prohibited [by both science and law].

QUESTIONS FOR CLASSROOM DEBATE

A. Generate sets based on two different criteria. Within each set, create subsets and delve into their hierarchy at—at least—three levels.

For example, the set of animals, the subset of mammals, and within this, the subset of dogs.

Be ready to further develop subsets based on those proposed by your classmates in class.

B. Identify situations or contexts where each definition of the subsets you've created in the previous question is necessary to better understand reality and act accordingly.

C. Explain the meaning of the term "discriminate" in its primary sense, as described in the text. Why is discrimination considered an essential operation for understanding reality? Does the Spanish constitution prohibit the use of this operation in any case?

D. Discuss why certain personal characteristics, such as gender or skin color, may lack relevance in certain contexts. Is it incorrect to discard this criterion of discrimination when making decisions or judgments about people in all cases? In other words: is differentiating people by their gender or skin color always illegitimate? Provide examples, if any, of a case where it is legitimate.

E. What is the term for someone who, without explanatory relevance, differentiates:
   — Based on gender.
   — Due to their national origin.
   — Based on the color of their skin.
   — Because of their economic capacity.
   — Due to their level of education.

Point out a context in which each of these modes of differentiation is legitimately pertinent and another in which it is not.

F. Think of another title for the text we have just read.

1.2. COMPLEXITY IN THE SOCIAL SCIENCES

Both nature and society are dynamic systems subject to constant changes. While the rational strategies used to explain these changes exhibit similarities in both spheres, they also present substantial differences. When accounting for change originating from physical-natural processes, we utilize the notion of cause and effect, establishing the following relationship: a preceding event (cause) has led to [or, if occurring, is susceptible to inevitably causing] a result (effect). However, in addressing social processes, we must add an additional element to the explanatory record of causation, and that element is intentionality.

When dealing with action (that is, not only discussing causes but causes with a human origin), we cannot simply limit ourselves to establishing the *how*; it entails understanding the underlying reasons, or in other words, the *why*. Humans are active agents who make rational decisions based on their goals, values, and beliefs. Therefore, to explain social relations and changes, it is necessary to integrate intentionality into the causal explanatory structure. This complexifies the notion of cause and transitions us from the cause-effect relationship to the means-end relationship.

Herein lies the inherent complexity in the social sciences. While objects conform to the laws we have formulated to explain natural processes, in the realm of social phenomena, subjects do not adhere to such strict correspondences, and the degree of certainty in our predictions is much lower.

This is because social science explanation must always consider that: [1] the human being, as subject, explains and simultaneously constitutes the object of study—that is, it is the subject that studies and the subject of the study—, and this is highly relevant since their scientific and cultural production is part of the landscape. In other words, the social sciences are not only the tool that serves our analysis but are inherently intertwined with their object; [2] this implies that any observation and subsequent formulation of social laws are, *in themselves*, capable of modifying the behaviors studied, not only when these laws succeed in their analysis (by causing a strategic reorientation of those actors harmed by the prediction) but also when they are unable to correctly predict reality due to inadequate formulation. In reality, for expectations or predictions to influence our behavior, they do not necessarily have to be true; it suffices for us that we accept them as such, thus causing strategic modifications in one way or another (this is what Robert K. Merton termed self-fulfilling prophecies); [3] moreover, while subjects act motivated by interests to achieve certain goals, it is almost never the case that they act with a single purpose in mind. *Multifinality* is more common, implying that we proceed with multiple goals simultaneously, whether for simultaneous, consecutive, or alternative execution, as all objectives may not hold the same importance or desirability for us and may even be incompatible with each other; [4] all this implies that for *multifinality* calculations, our rational strategies must consider not only the predictions elucidated by the social sciences but also the strategies that others simultaneously deploy while we act, causing our expectations to modulate our preference. It's no longer just about what we want but about what we can reasonably afford to desire given specific circumstances [in the context of natural sciences, this notion parallels the assertion of *retrocausality*, meaning an effect can modify its cause].

QUESTIONS FOR CLASSROOM DEBATE

A. Imagine a scenario where a social prediction ends up influencing the behavior of a group. How can a self-fulfilling prophecy impact society?

B. Self-fulfilling prophecies stem from flawed analyses of reality that eventually become accurate due to behavioral adaptations or strategic adjustments by individuals who accept these analyses as factual. In this regard, self-fulfilling prophecies are about what the things are (even though they ultimately modify it) and legal norms, on the contrary, are about how the things ought to be (even though sometimes their prescriptions achieve effects opposite to the intended ones, and we could label them as counterproductive norms). It is vital to note that these adverse effects paradoxically stem not from their lack of effectiveness or from a certain degree of non-compliance, but paradoxically from their effectiveness.

To assess a norm's potential to achieve its intended objectives, it is crucial to place it within a broader framework. This is because the same norm might operate in one system in alignment with its intended purpose, yet in another system, it could yield contrary effects.

For instance: policies advocating harsher sentencing can provoke unintended effects, as stricter norms sometimes lead to an increase in criminal activity. A striking example of this paradox is found in the 'three strikes law,' a clear instance of a counterproductive norm. The expression is derived from baseball, where a batter is eliminated after three unsuccessful pitches, that is, three strikes. Thus, the three strikes law imposed severe penalties on convicted individuals who accumulated three serious offenses. Contrary to its intended deterrent effect, numerous studies showed that when facing a lengthy prison term for a third offense, criminals were more inclined to use increased violence to evade capture.

Now, consider another example (real or hypothetical) of a counterproductive norm (at any level that comes to mind: family, neighborhood community, autonomous community, or your country). You should present this example in class and explain how strict adherence to a specific norm would result in an effect contrary to the initially anticipated outcome.

1.3. RATIONAL ACTION AND ITS CONTEXT

An action is rational when it is in alignment with the intended purpose. This primarily requires that our actions are supported by *arguments that enable prediction and explanation*, thus guiding us towards the attainment of our goals. As we have just examined, this analysis of reason, placing us in a precise context, must not only account for the natural laws that govern objects but also necessitates a more complex calculation expressed by articulated sequences connecting ends with means. Consequently, we assert that rational action indispensably requires a purpose, so an individual acts irrationally if they: **[1]** lack preferences or goals altogether; **[2]** or if they do not act with the intention of achieving those goals [understanding actions to encompass not only tangible physical interactions but also speech acts, through which we transmit information and perform specific functions or tasks within a given context].

Nonetheless, deeming something as rational is invariably a matter of degree: we cannot definitively label something as rational or irrational, without further ado; it is more or less rational considering an ideal pattern of behavior. That is, regarding the most suitable action for each case, considering: **[1]** the information each participant has in that specific situation, and **[2]** all the information necessary for making the best decision possible, whether or not the participants are aware of it.

Due to the outlined complexity, our actions often stray from this ideal of rational action. Primarily for two reasons:

1. Challenges in rationally defining our interest [the 'what' of rational action]. Although in reality it is uncommon for individuals to completely lack preferences or goals, these may not be clearly articulated, as they are susceptible to change or contradiction. This ambiguity hinders the possibility of truly productive strategic rational action within social groups: if we are unaware of what others desire, it is difficult to act correspondingly. This is why we attribute an "objective" interest to others. This interest, termed objective [and which is, in reality, an intersubjective construct], is crucial for the teleological orientation of legal norms. This distinction is pivotal in differentiating between the political and legal spheres in the normative production process. If each legal norm is a mandate that rationally guides our actions, and if [as we have seen] rationality is invariably structured through the 'what' and the 'how', then we shall regard as 'political criteria' those determinations that [by defining the general interest] establish the 'what' of each norm. Within this framework, a norm fundamentally serves as a technical construct, meticulously crafted to expedite the realization of specific interests that fall under the purview of political guidance. The defining characteristic of democratic systems is not that legal norms are directed towards the general interest, but that this interest has been defined collectively [as opposed to being determined by an oligarchy, which invariably characterizes itself as benevolent].

2. Challenges in defining our strategy toward that interest [the 'how' of rational action]. Additionally, there is a distinction between directing our actions towards achieving our ends and doing so effectively. That is, free action not only requires identifying goals that best align with our interests but also understanding and having the capability to navigate our actions towards realizing these goals. The main obstacle to our freedom is not in discerning our desires but in our lack of understanding of the implications of these desires within a specific context, that is essentially, not knowing all we need to want to reach our goal. While it is straightforward to envision a goal when it is sufficiently abstract and general, the challenge lies in establishing the necessary milestones and steps to achieve it. We have studied how the ineffectiveness of counterproductive norms poses a limitation that undermines our freedom in the same manner as absolute prohibitions.

What we describe as substantive and procedural are two interconnected aspects of the same thing and, as such, they are intrinsically intertwined. Just as each noun is comprised of the adjectives that define it, the processes directed towards a certain goal consist of milestones, which are objectives in themselves [where each 'what' is the 'how' in relation to a following milestone]. Consider, for example, the reason you are reading this. Since this is a textbook, it is most likely that you are doing so to pass the course. Reading and studying are the means, whereas passing the course is the end. However, we do not strive to pass just for the sake of it, but as a means to graduate, which in turn serves not only as an end but also as a means to further objectives. Clearly, for every 'what' [end], there is a 'how' [means] that unfolds as a series of other 'whats', which in turn unravel into 'hows'. Hence [1] if we understand politics as the determination of the feasible 'what', while the legal pertains to the 'how', and [2] if the 'how' is composed of this intricate series of 'whats' and 'hows', we must acknowledge that collective freedom demands not a merely political articulation but also one that is inherently legal.

To better understand this notion, let us elaborate through an example. Within the context of the conflict sparked by the Catalan independence movement, Pere Aragonès, who was later appointed as the President de la Generalitat of Catalonia, made the following statement to the press: '*The will of the people cannot be constrained by laws. Our only limit is the popular will itself*'. This assertion seems sensible on the surface: it implies that the current will of the people should not be constrained by past decisions. However, the truth is that not only the popular will is subject to law, but without laws to allows us to interpret it [translating it into coherent messages] the popular will remains utterly ineffable and at most, can be equated to a personal stance adequate for casual barroom banter, but nothing more. To ascertain the popular will, it is unlikely that Aragonès leans out from the balcony of his institutional office to attentively listen the people's voice. It is apparent that he is aware that to gauge it accurately, it is necessary some sort of mechanism [a coherent expression algorithm, we might say] that is pre-approved by those expressing that will. And this mechanism or algorithm for translation is necessarily composed of rules, that is, it is a legal norm, plain and simple. Therefore, what we call 'the people' or what we understand as 'the popular will' are actually legal constructions, since without prior rules, these concepts would be unintelligible. This applies even to edge cases in constitutional law: no political entity [not even the constituent power] fully defines itself as such without being based on pre-existing rules.

Consequently, the expression of political power does not emanate from an absolute will that [omnipotently] knows precisely what it desires, but from the articulation of a purpose tuned to the means [currently] within our reach. Thus, for a legal norm to be efficacious, it must be situationally adapted to the milieu [which encompasses both the system of existing norms and the reality it aims to change].

All this indicates that norms do not function by themselves but rather in interplay, that is, acting as parts of a system. As such, it is pointless to compare norms in isolation; any constructive comparison must take into account the legal systems that encompass that norm or that type of norm.

QUESTIONS FOR CLASSROOM DEBATE

To address the proposed practical cases, begin with a SWOT analysis [for each objective, we construct four columns: weaknesses, threats, strengths, and opportunities]. In every instance, the SWOT analysis will empower decision-makers to identify the key factors impacting the implementation and success of their strategies, thereby formulating actions that are rational within their specific context.

PRACTICAL CASE 1: URBAN PLANNING

Suppose you are the mayor of a small city, and your goal is to improve the quality of life of its inhabitants. To do this, you must decide whether to build a new park, a shopping center, or a library.

Identify what would be the most rational action according to the collective interests of the citizens.

Describe how you could use rational arguments to predict and explain the consequences of your choice.

Develop a strategy that allows you to achieve the goal of improving the quality of life, considering practical and normative limitations.

PRACTICAL CASE 2: VACCINATION POLICY

Imagine that you are the public health official in a country during an outbreak of a new disease. You have to decide whether to implement a mandatory or voluntary vaccination policy.

Discuss which option would be more rational to maximize public health without compromising individual freedoms.

Evaluate the difficulties in rationally defining the 'what' (public health interest and individual freedoms) and the 'how' (vaccination strategy) in this situation.

Consider the political and legal implications of your decision and how they would affect the implementation of the chosen policy.

PRACTICAL CASE 3: ENVIRONMENTAL LEGISLATION

You are part of a legislative committee working on a new law to reduce industrial pollution. You must balance economic interests with environmental protection.

Determine what would be the rational objectives that the new legislation should pursue.

Propose how legal norms can be teleologically oriented to achieve these objectives.

Analyze how the interaction of new norms with existing ones can affect the effectiveness of the legislation and what systemic considerations should be observed.

1.4. INDIRECT STRATEGIES

Rationality involves understanding our desires and dictates how we achieve them. However, for humans this calculation is not as straightforward because, in the words of Jon Elster, we act like a global maximizing machine capable of waiting and employing indirect strategies: investment might be the simplest example of "*global maximization that requires by-passing a local maximum*"[1], one step back, in order to take two steps forward.

Some animals can execute indirect strategies, such as when a predator adjusts its trot to a waiting behavior, slowing down from the maximum speed it could reach at that moment. In this way, it will not lose pace if the prey tries to dodge it by zigzagging. In humans, saving exemplifies such an indirect strategy: we momentarily forgo postpone gratifying our needs in anticipation of a more substantial satisfaction in the future. And perhaps for that very reason, you are currently reading this book rather than doing something else.

1. Elster, J. (1979). *Ulysses and the Sirens. Studies in Rationality and Irrationality*. Cambridge: Cambridge University Press, 10.

1.5. VALUES AND PRINCIPLES

Thus far, we have argued that reason unfolds the 'how' essential for each objective, and that the articulation of this course is riddled with a succession of 'whats' and 'hows'. Yet, this progression is underpinned by a set of overarching goals towards which every interconnected medial chain converges, forming a semblance of a map. While it may not always be apparent, any of our actions can indeed be situated within a distinct medial chain [we undertake an action for a purpose, which, if attained, becomes a steppingstone to another end, and so forth]. We have also observed that the potential medial chains guiding our behaviors could, in turn, intersect with other possible or predictable chains, in an alternate or supplementary manner [in other words, sometimes our actions are informed by a contingency plan, or at times, are designed to bolster another more direct action aimed at the end goal].

The overarching goals that guide all the chains do not correspond to a tangible destination but rather embody the abstract essence of a way of being and a way of reaching the objectives. Thus, while values are oriented toward a generic definition of the outcome [not just any goal is desirable], principles abstractly establish the legitimate ways to reach it [it is not desirable to achieve a legitimate goal by just any means]. We restrict our ambitions to those goals that can be achieved in the most exemplary manner [possible]. This discernment is the essence of moral judgment:

it scrutinizes the desires that fuel our intentionality. Hence, values articulate a legitimate concept of the 'what' [pertaining to what should be desired], and principles articulate a legitimate concept of the 'how' [concerning the means of attainment].

The distinction between values and principles is often perceived as obscure by many scholars, leading to the assertion that these concepts [alongside others, such as human dignity] are devoid of significance. This perceived ambiguity stems from the shared situational aspect of the 'what' and the 'how' inherent in values and principles, that is, of the substantial and the procedural. In essence, values and principles are always situated in relation to something. Thus, when analyzing a specific problem, if we problematize the underlying purpose that ultimately guides us, we are discussing values. Conversely, if we evaluate the legitimate means at our disposal, we place ourselves in the realm of principles.

Hence, no action is good or bad per se, but always in relation to a system of values: that is, our moral judgments entail rational calculations that connect ends and means within a framework of purposes we consider legitimate, and which these actions either direct us towards or away from. Ideally, when operating with medial chains, it is necessary to perform two types of calculations: [1] to have considered all the alternative actions at our disposal, or at least those that are initially seen as more effective for the intended purpose, and to have chosen the most effective one; [2] to have conceived the intended purpose within a broader context, where it is interlinked with other objectives, either in its instrumental character with respect to them (that is, in a direct relationship), or in its concomitant character within a coherent framework of purposes (that is, in an indirect relationship).

The first of these calculations, which solely concerns the direct and efficient connection of ends and means, is referred as *strict rationality*. The second calculation, far more complex as it factors in the current objective within a context of other related and potentially interactive objectives, is termed *reasonableness*. To determine what is reasonable, we do not only consider that initial concrete objective, but also place it within a system composed of a constellation of objectives. These objectives are conceived as if they were teleologically interconnected, meaning that they are all oriented towards the achievement of a series of overarching ends. This configuration essentially reflects the sense of that system as a network of interconnected purposes.

This is why—after a calculation that incorporates this network of multifinality—it may be deemed reasonable, within a specific context, to not persevere in the pursuit of the end we proposed, to postpone it in light of other goals, or to recalibrate or attenuate our initial aim, aligning it with what is feasibly and attainable. Engaging in a calculation of reasonableness necessitates a two-fold approach: [1] to judiciously determine the significance of the concrete end we aim in relation to other objectives, and with this in mind [2] to establish a course of action that is not incompatible with the overarching aims [values and principles] that encapsulate the essence of our framework, whilst ensuring that such a strategy neither compromises nor imperils the fulfillment of the particular outcomes we deem paramount.

While strict rationality does not take into account the legitimacy of the proposed objectives and the manner of their execution, reasonableness does. I have addressed this matter in another book:

> the problem with the self-evidence of rational rules is that it pretends that reason would make sense on its own, in a decontextualized way. However, precisely because reason, even when it sets apparently its own objectives, always operates as a means oriented towards something, it is impossible to ascertain the ultimate meaning of such rules, nor therefore to value it. The delimitation of the horizon of rationality by reasonableness implies not conceiving ends and means separately, but as interconnected elements within a chain of meaning. To better understand the difference between the rational and the reasonable, we can illustrate it with the following example. When I was a child, I had a certain obsession with order, which unfortunately I lost over time. This led me to arrange the objects in my house in ways that I considered absolutely rational. Once I ordered all the books on my parents' huge bookshelf following an ascending chromatic classification: from white, through yellow, orange, red, and

so on until black. My mother tried to explain to me that this order made no sense, that perhaps in a box of markers it could be appropriate, but that with books—whose purpose is not ornamental but has to do with their content reflected in the titles, not in the colors of their spines—it gave a very negative impression. It was a vulgar thing, my mother said, because the rule of reason I had used did not fit the legitimate purpose of the objects I had set out to arrange. Thus, a completely coherent and rational order does not always have to fit the case. It would be a decontextualized application of reason: my order was rational, but not reasonable. As Aranguren notes when glossing over Aristotelian thought, end and means are situational, so the same thing can be considered a means or an end, depending on the case, which is why—except for the supreme end of happiness—, for Aristotle, one cannot speak of end in an absolute way, since every end is, in turn, a means to another end[2].

Principles represent more than mere abstractions; they are substantive rules that guide action. Nonetheless, in the realm of democratic governance, there is a tendency to deploy constitutional principles as mere slogans, invoked without thoughtful scrutiny to rationalize a variety of agendas. This underscores the

---

2. Roales Buján, O. (2020). *Constituciones inconstitucionales, soberanos limitados. El entramado de los derechos fundamentales como fundamento de la noción de soberanía.* Sevilla: Athenaica, 137-138.

importance of rigorous constitutional analysis: to ensure that these foundational principles remain tethered to the realities they are meant to govern.

To grasp the practical orientation of principles and their demand for critical application in varying contexts, we might reference the insights of Richard M. Hare as interpreted by Victoria Camps:

> prima facie principles are necessary, but they are very abstract and never refer to individual situations. When a person finds themselves in one of those situations and wonders what they should do, they must confront the facts with the principles, initiating what Hare calls "critical thinking" [...] The flexibility of principles when undergoing critical thinking is what ensures the avoidance of a significant danger, that of dogmatism and fanaticism, because, indeed, what the fanatic lacks is critical thinking with respect to principles. [...] Only critical thinking can resolve something that is increasingly occurring in applied ethics, which is the conflict between principles. [...] Thus, the fanatic is the one who always puts their convictions first and adheres to a visceral thought that does not admit critical attitudes[3].

---

3. Camps, V. (2013). *Breve historia de la ética*. Barcelona: RBA, 328-329.

1.6. EQUALITY AND FREEDOM: THE TRANSITION FROM PARTICULAR TO GENERAL INTEREST

Despite the outlined challenges, modern thinking posits that rationality is a horizon towards which human behavior invariably gravitates, considering the irrational merely as a facet of incomplete rationality, an unmanageable factor that introduces uncertainty. This suggests that although humans may not always act rationally, or at least not always according to optimal rationality, it is nonetheless more rational to assume that we do. Only by this assumption can we devise strategies of collaboration and mutual benefit that [following the strategic reorientation referred to in the context of self-fulfilling prophecies], have the potential to influence and rationalize what is initially irrational. This is the sole method to optimize collective strategic decision-making and to proceed with a teleological perspective in the foundation of law, which, as we have seen, is crucial in the construction of such strategic collaboration.

In this framework, modernity is based on the premise that if [a] we accept mutual interest collaboration as the cornerstone of human societies (despite the unequal benefit to individuals, since cooperation must nonetheless yield a net benefit to all members), then it follows that [b] it is in the collective interest that society not only endure but also develop, deepening the pursuit of shared goals, [c] thus, the rational actions of individuals will align with the quest for this common good *as long as* [d] everyone has access to the appropriate material resources and the necessary information to make decisions and act in accordance with that common interest, an interest which, in turn, must be aligned with their respective individual pursuits.

It is crucial to acknowledge, according to this view, that for developing cooperation it is not enough to be beneficial for all; but it must also be perceived by the majority as the most favorable alternative under the circumstances [since only then will our personal interest align with the continuity of society itself].

Consequently, the design of societies emerging post-liberal revolutions is conceptually underpinned by two fundamental tenets: [1] sufficient equality among all participants so that if the union benefits one, it benefits all; and [2] adequate freedom, which entails a real and effective development of the agency of all, because only then can it be affirmed that the union is not only in everyone's interest but is also made by the decision of all.

The legitimacy of power must unfold in both its substantive aspect (power is exercised for everyone's interest, that is, following the general interest) and procedural aspect (this general interest has been established by all members of the political union). Liberal democracies are distinguished from other benevolent modes of governance because power is exercised through this combination of procedural and substantive deployment: it is vital for democratic decisions to be perceived as an aggregation of individual interests[4].

QUESTIONS FOR CLASSROOM DEBATE

A. Propose a legal norm that promotes a desired social behavior through the implementation of indirect strategies. *For example, saving for retirement is promoted through tax incentives.*

Prepare to discuss in class the implications of these strategies in terms of rationality and legal effectiveness.

B. *Can the same legislative objectives be achieved through different regulatory approaches?*

---

4. In mathematics, a variety of methods are used to average a series of numbers in order to obtain a single representative value. This goal is achieved through calculations such as the mean, median, or mode, and applies similarly across statistical procedures. In the social sciences, aggregation serves as a method for representing individual opinions, behaviors, or attributes to formulate a collective measure that is "representative." For instance, to determine the favorite color of this class, one might conduct a poll and deduce that blue is our favorite, simply because it is the favorite of the largest minority [that is, it's the most voted-for color, even if it wasn't selected by the majority of the class]. If choosing our favorite color were critical to the functioning of the class, this method might be inadequate, prompting the need for an alternative approach. Options could include a multi-round voting system to achieve a qualified majority, or a preferential voting method where multiple colors are ranked in order of preference.

Select a specific norm from our legal system that aims for a particular purpose. Then, identify a piece of legislation that pursues the same aim but is formulated differently in the laws of one of these four countries: the United States, the United Kingdom, France, or Germany.

C. We have just seen how legal norms establish a framework conducive to mutual benefit and cooperation, essentially establishing a social order targeted towards the realization of certain shared goals. Additionally, we noted that in democratic societies, the horizon of these shared objectives is initially delimited by the values and principles enshrined in the constitution.

Let us now delve into the functioning of mandatory norms in traditional legal systems, particularly those predating the liberal revolutions. This is fundamentally the case with mandatory norms of religious origin.

One notable instance of such a norm is the taboo on pork consumption in Jewish and Islamic traditions.

Sociologist Marvin Harris analyzes examples of norms that impose seemingly irrational dietary habits and, among other prohibitions, refers to those prescribed by Yahweh for the Jews and by Allah for the Muslims concerning the consumption of pork.

> To Moses Maimonides, court physician to Saladin during the twelfth century in Cairo, Egypt, we owe the first naturalistic explanation of the Jewish and

Moslem rejection of pork. Maimonides said that God had intended the ban on pork as a public health measure. [...] In the middle of the nineteenth century, the discovery that trichinosis was caused by eating undercooked pork was interpreted as a precise verification of the wisdom of Maimonides. Reform-minded Jews rejoiced in the rational substratum of the biblical codes and promptly renounced the taboo If on pork. If properly cooked, pork is not a menace to public health, and so its consumption cannot be offensive to God. This provoked rabbis of more fundamentalist persuasion to launch a counterattack against the entire naturalistic tradition. If Jahweh had merely wanted to protect the health of His people, He would have instructed them to eat only well cooked pork rather than no pork at all. [...] The pig is a vector for human disease, but so are other domestic animals freely consumed by Moslems and Jews. [...] The solution to the riddle of the pig requires us to adopt a much broader definition of public health, one that includes the essential processes by which animals, plants, and people manage to coexist in viable natural and cultural communities. I think that the Bible and the Koran condemned the pig because pig farming was a threat to the integrity of the basic cultural and natural ecosystems of the Middle East. [...] the divine prohibition against pork constituted a sound ecological strategy. The nomadic Israelites could not raise pigs in their arid habitats, while for the semi-sedentary and village farming populations, pigs were more of a threat than an asset. The basic reason for this is that the world zones of pastoral nomadism correspond to unforested plains and hills that are too arid for rainfall agriculture and that cannot easily be irrigated. The domestic animals best adapted to these zones are the ruminants—cattle, sheep, and goats. Ruminants have sacks anterior to their stomachs which enable them to digest grass, leaves, and other foods consisting mainly of cellulose more efficiently than any other mammals. [...] To compensate for its lack of protective hair and its inability to sweat, the pig must dampen its skin with external moisture. It prefers to do this by wallowing in fresh clean mud, but it will cover its skin with its own urine and feces if nothing else is available. Below 84° F., pigs kept in pens deposit their excreta away from their sleeping and feeding areas, while above 84° F. they begin to excrete indiscriminately throughout the pen. The higher the temperature, the "dirtier" they become. So there is some truth to the theory that the religious uncleanliness of the pig rests upon actual physical dirtiness. Only it is not in the nature of the pig to be dirty everywhere; rather it is in the nature of the hot, arid habitat of the Middle East to make the pig maximally dependent upon the cooling effect of its own excrement[5].

5.   Harris, M. (1989). *Cows, pigs, wars & witches. The riddles of culture.* New York: Vintage Books. Chapter II: "Pig Lovers and Pig Haters".

Considering the reasoning in the previous text, examine these instances of prohibitions originating from religious traditions, and discuss the potential underlying reasons for these taboos or prohibitions in relation to rational regulation of social order [within that context]:

1. The taboo against incest.

2. The prohibition of abortion and euthanasia.

3. Observing Sabbath rest and Sunday as a day of rest.

4. The ban on usury.

4. The prohibition of alcohol consumption.

5. Circumcision in Judaism and Islam.

6. Fasting during Ramadan or the prohibition of eating meat during Lent.

7. The ritual of Wudu or ablution before Islamic prayer.

8. Heterosexual marriage and the taboo against homosexuality.

Could you suggest any additional examples?

2. WHAT IS DEMOCRATIC LAW?

2.1. EXPRESSION OF LEGITIMATE DEMOCRATIC POWER THROUGH PROCEDURES: THE MAJORITY PRINCIPLE

Our current model of representative democracy under the rule of law requires an institutional design that facilitates the play of political representation, and this design is usually encapsulated within a fundamental law that we commonly referred to as the Constitution. Regardless of whether this foundational framework comprises a single document or multiple texts, and even when its regulation is not fully codified, it is vital for any system of representative democracy that this fundamental normative block satisfies two *a priori* conditions: **[a]** that through some kind of procedure, this basic norm is depicted as an expression of the will of the sovereign, and **[b]** that this sovereign is in turn represented through some abstract construction [be it popular, national, or parliamentary sovereignty] that ultimately serves as a vehicle for the expression of the *aggregated will of the people*, the latter being the primary recipient of all decisions stemming from the institutional structure enabled by the fundamental law.

This means that the foundational law results from two practically simultaneous [though logically sequential] transformations: **[1]** firstly, the transition from the tangible collective known as the people into the juridical entity of the constituent sovereign is conducted through a series of operations [a legal algorithm, if you will] centered around the majority principle; and secondly, **[2]** the representation of the self-generating [*autopoietic*] will of this new subject is achieved by establishing an institutional design that facilitates its ongoing existence as an *instituted sovereign* beyond the initial constituent phase. The primary aim of these two transductions is to define legitimate power as the force that constitutes us as a sovereign citizenry and, at the same time, derives its legitimacy from that very citizenry it constitutes [which is nothing else but the legal expression of "the people"]. It is apparent that this could be seen as a kind of circular reasoning: power is legitimate because it stems from the people who have established that very power. However, this is what "autopoiesis" means in this context: the self-creation of the people as the cornerstone of the legal system through its own revolutionary affirmation, exemplified by expressions such as "We the People" at the beginning of the US Constitution. Upon closer examination, it is not a circular process, but rather a spiral one [since it does not return to the same point]: the people shape and are successively shaped by the legal system they establish, and which establishes them[6].

---

6. For instance, the constitution of the "Spanish people", as such, does not stem from the statements in Articles 1 and 2 of our Constitution, because our Constitution was approved through an electoral law and a census of voters wherein this definition of "Spanish people" was already implicitly embodied. Throughout the process of ratification, we were already acting in accordance

Furthermore, [1] if democracy relies on a foundational norm that meets these two *a priori* requirements; [2] if humanity distinguishes itself from other animals through its rationality, defined as the capacity to transform the surrounding world for its own benefit by engaging in complex, interrelated cause-and-effect relationships that must be calculated taking into account their concomitant nature; and [3] if happiness [as a specifically human expression] is the inner realization of acting rationally, then modern constitutionalism deduces from these premises that democracy is [by definition] the only political framework that enables the collective pursuit of happiness. Democracy, therefore, envisions power as the purest form of collective self-fulfillment, with its legitimacy hinging on whether the "collective will" construct is effectively portrayed as a rational aggregation of individual wills.

---

with the concept of the "Spanish people" that we later formally articulated in the Constitution. This preceding and concurrent conduct was effectively legitimized through its legal ratification. Hence, it can be argued that if this ratification had not been completed [or not in that particular manner], asserting that we behaved as such a people before the Constitution would be questionable. We embody this identity because we self-affirmed it through a distinct procedure. That is, a legal procedure [which serves as a reminder about what was said on how the substantial is meaningless without form, or in other words: what we want to say and how we say it are two aspects of the same thing, inexorably intertwined]. It is the legal basis that provides intersubjective value to what would otherwise only be the subject of absurd essentialist debates [that is, about essences that supposedly operate beyond the reality of what does have concrete form].

The majority principle is crucial to the abstract representation that aims a reduction seeking to aggregate wills, which seldomly are unanimous, and it has historically served as the method to represent the correlation between individual and collective will. In prior research[7], we have shown that this reductive decision-making procedure, the majority principle, must ultimately rest on two implicit substantive considerations: the equality and freedom of agency of all voting participants. That is, in a democracy all procedures for majority aggregation either acknowledge the equality and freedom of the participants or derive their legitimacy from prior procedures where these values are recognized. Hence, incorporating these principles into the definition of the procedural rule that enables the collective representation of individual wills means that such wills can never legitimately be expressed in an aggregated form to deny these principles; to do so would invalidate their own condition of possibility. In other words, if the collective will were to refute the equality and agency freedom of the individuals it represents, it would be disavowing the very connection that legitimizes its existence, leading to a self-contradiction. To avoid this contradiction, the principles of equality and freedom must be exempt from democratic decision-making, as they are the prerequisites for such decisions.

Nevertheless, as we will explore, these two principles instrumentally give rise to the entire framework of fundamental rights, perceived as a system with

---

7. Roales Buján, O. (2020). Op. cit.

inherent coherence. We must therefore infer that fundamental rights, at least in their most elemental form, are not in a democracy justified through a procedure akin to the one underpinning the foundational normative block, as outlined above. Rather, in their most fundamental representation, fundamental rights are inherently a core part of the proclamation of the [autopoietic] constituent sovereign's self-generating will. That is to say, in their essential expression, as an instrumental framework corresponding to the aforementioned principles of equality and freedom of agency, fundamental rights are not derived from voting nor subject to it, for they form the very foundation of its feasibility.

2.2. FUNDAMENTAL RIGHTS AS A PREREQUISITE TO EVERY DEMOCRATIC PROCESS

Norberto Bobbio contends that equality is a situational concept, requiring a context for its recognition as such, thus always demanding a framework for its intelligibility, a reference to whom and to what. In this regard, the Italian scholar notes that for its application, equality presupposes

> the presence of a plurality of entities among which the relationship is to be established: while it might be conceivable, albeit extreme, that a society could exist in which only one is free (the despot), it would make

no sense to claim that there exists a society in which only one is equal. The only socially and politically relevant link between freedom and equality arises where freedom is considered as that in which [...] the members of a certain social group are or should be equal.[8]

However, contrary to Bobbio's argument, it is imperative to recognize that the concept of freedom is also inherently situational. Thus, just as it makes no sense to say that only one is equal, it is also nonsensical to assert that only one is free because the freedom of the despot is also situationally contingent; always pertaining to actions or inactions relative to others [one cannot be free in solitude], and not even in the most bloodthirsty and extreme totalitarianism can a despot do absolutely everything in relation to everyone. Bobbio's despot exercises his freedom as an exercise of absolute power, but even what we call absolute power requires a constant balancing of expectations and relationships with others, always necessitating concessions, however minimal. For this reason, to say that a person is free without specifying from what and in relation to whom is nonsensical. Any freedom rests upon the consent of others, meaning that being free to act is not just about capability but about limits, akin to equality, always framed in relation to a what and a whom. There is not a form of freedom that is situational (being freely equal or being equal in freedom), as Bobbio asserts, because freedom is always [inherently] situational. It is always the

8. Bobbio, N. (1995). *Eguaglianza e libertà*. Torino: Eunaudi, 5.

expression of a set of relationships, making the notion of unconditional freedom inconceivable. Its relation to what and to whom also means that it is axiologically bound from its formulation; therefore, freedom does not pertain to a capacity to act, but to an expression of power: a legitimate capacity to act. Consequently, when we recognize ourselves as free to do something, we are not merely acknowledging physical laws, abstracting our relationship with others, but rather referring to an ability to act whose feasibility stems from a prior value judgment from which moral or legal consequences have been derived (this can or cannot be done). Bobbio's despot, simply described as freely unbounded, is not only nonsensical because he can do absolutely everything but also because he appears to be utterly alone since he makes no concessions to anyone and, therefore, exercises no power whatsoever. As we maintain, freedom always involves a collectivity, and therefore, we cannot be free if we are alone. In solitude, we can only do things for which it would be absurd to claim legitimacy or to assert a right to do them, as the concept of 'ought' is always predicated on relations of otherness.

Freedom is not a right in itself, but whenever it is asserted in any concrete situation, it will always imply the existence of an effective right that instrumentally enables it. Even in its simplest formulations. Thus, for example, when we refer to the freedom to do what is not prohibited and consider freedom in its most abstract possible sense, we are already affirming the right not to be disturbed or interfered with in our engagement in such unprohibited actions, whatever they may be.

And in the rest of its expressions, when referring to more concrete freedoms, we will in turn imply more substantial rights, as even so-called freedom rights always entail necessary actions or inactions by others, an obligation that is amplified in democracy because that "others" is represented through some formula that ultimately involves an action by the public power. This becomes clearer through three examples: [1] The capacity to stroll unhindered due to the absence of prohibition, implying a right to demand non-interference, is distinct from the right to free movement, which, given its more substantive nature, may require public safety guarantees for its unimpeded exercise; [2] a journalist's ability to report because it's not prohibited differs from holding the right to freedom of information which not only allows reporting in a preferential context regarding other rights when truthfully related to matters of public interest but also entails for citizens the possibility to demand service-oriented activities ensuring the existence of public media to foster essential political pluralism[9]; [3] the feasibility of suicide in the absence of prohibition is distinct from the right to assisted suicide, which involves necessary service activities by public administration, ensuring not only that the act is permissible but also conducted with necessary safeguards.

---

9. "The constitutional purpose of freedom of information is to enable popular participation in the management of public affairs; the state is mandated to take action to ensure that this purpose is not merely illusory or fictitious." Urías Martínez, J. (2014). *Principios de Derecho de la Información*. Madrid: Ed. Tecnos, 58.

3. COMPARING LEGAL SYSTEMS

From our analysis so far, it can be deduced that legal systems are structured as systemic entities, comprising organized and coherent assemblies of principles, norms, institutions, and interconnected procedures, aimed at achieving objectives defined as legitimate by the power structure. In a democratic framework, where power is exercised by and for the people, the objectives of these systems must intrinsically correspond with the abstract notion of democracy. This entails, more tangibly, the establishment of a set of rights and institutions within their constitutional frameworks, mirroring the objectives inherent in the abstract definition of democracy.

Consequently, in comparing democratic legal systems, it is crucial to acknowledge that differences variations arise from the unique ways in which each system actualizes democratic values and principles, that is, in the specific methods they deploy the necessary means within their respective contexts to achieve the same ends. This perspective highlights that comparing institutions or regulations across different legal systems requires an understanding of their roles within a wider systemic mechanism. As we have learned, it is conceptually inappropriate to assess the legitimacy of an end without considering its broader purpose, or in other words, without analyzing the chain of means from a more extensive perspective. For this reason, it would be inadequate to determine whether a specific regulation in a given system fulfills its systemic objectives without placing it within a broader framework of institutional and rights structure, which ultimately reflects those democratic objectives. This means that in any comparison we must discern **[1]** whether a particular norm or legislation, in its specific context, meets or does not meet these democratic objectives and **[2]** whether such a structure is capable of reproducing or adapting to a different systemic mechanism, that is, if it can be transferred [translated] to another legal system.